向现场管理要效益

现场6S管理
操作工具

XIANCHANG 6S GUANLI
CAOZUO GONGJU

姚水洪 邹满群 编著

化学工业出版社

·北京·

本书以企业现场实战为导向，结合企业运营实际要求，用来自企业一线现场的大量真实案例，全面介绍开展整理、整顿、清扫、清洁、素养与安全的操作工具，并配以丰富的图表对这些工具的操作内容与操作要点进行阐述，确保企业更有效地推进现场6S管理活动，为企业有效的现场管理奠定坚实的管理基础。

本书可供企业现场管理人员、培训人员、咨询顾问、现场管理课程学习人员参考或作为教学、培训教材，也可供生产性企业的班组长、工段长、车间主任、主管生产的副总、6S推行办成员等6S推进过程中实际参与推进的人员使用。

图书在版编目（CIP）数据

现场6S管理操作工具/姚水洪，邹满群编著． —北京：化学工业出版社，2019.2（2025.5重印）
（向现场管理要效益）
ISBN 978-7-122-33656-9

Ⅰ．①现⋯　Ⅱ．①姚⋯②邹⋯　Ⅲ．①企业管理-生产管理　Ⅳ．①F273

中国版本图书馆CIP数据核字（2019）第005432号

责任编辑：高　钰		文字编辑：李　曦	
责任校对：宋　玮		装帧设计：刘丽华	

出版发行：化学工业出版社（北京市东城区青年湖南街13号　邮政编码100011）
印　　装：北京科印技术咨询服务有限公司数码印刷分部
710mm×1000mm　1/16　印张9¼　字数187千字　2025年5月北京第1版第8次印刷

购书咨询：010-64518888　　　　　　　　　　售后服务：010-64518899
网　　址：http://www.cip.com.cn
凡购买本书，如有缺损质量问题，本社销售中心负责调换。

定　价：48.00元　　　　　　　　　　　　　　　　版权所有　违者必究

前言

现场是制造型企业的"门面",也是企业管理水平高低的集中体现,有效地推进现场6S管理可以大幅度提升企业现场管理水平,更好地提升工作效率、保证产品品质,进而提升企业形象、增强员工的归属感,促进企业的良性发展。

现场6S管理是指对生产现场的人员、机器、材料、方法等生产要素的有效管理,针对企业中每位员工的日常行为方面提出要求,倡导从小事做起,力求使每位员工都养成事事"讲究"的习惯,从而提高企业柔性管理水平,营造安全、舒适、低成本的企业经营环境。对于企业而言,6S的本质是一种态度,是有执行力的企业文化;对于管理人员来说,6S是应有的基本能力,是管理的根本;对于员工来说,6S有利于培育纪律性和行为习惯的养成,是成就事业的基础。

现场6S管理内容简单,实际推行过程中重要的是理念到位,其次要持之以恒,再次就是注意推行方法,尤其是各个要素的推行方法,科学的方法可以确保现场6S管理的要素更为有效、持续的推行。

本书以企业现场实战为导向,结合企业运营实际要求,用来自企业一线现场的大量真实案例,以简洁通俗的语言,全面、详细、具体地阐述了现场6S管理活动的操作方法、工具以及操作步骤等,并配以丰富的图表,确保企业顺利推行现场6S管理活动,为企业有效的现场管理奠定坚实的管理基础。

本书特点在于:

① 结合案例介绍各种现场6S管理要素推进过程中的不同工具或方法;

② 系统全面地介绍每一种工具或方法的操作内容与操作

PREFACE

要点；

③ 把现场6S管理的效率、成本、品质、执行理念融汇到各种具体工具或方法的阐述中；

④ 挖掘出每个要素的每一种工具或方法的本质，便于更有效地掌握工具或方法的使用。

本书作者多年来从事企业现场运营管理的研究与咨询工作，希望能与企业现场管理人员分享6S管理的知识和经验。

本书可供企业现场管理人员、培训人员、现场管理课程学习人员参考或作为教学、培训教材，也可供制造型企业的班组长、工段长、车间主任、主管生产的副总、6S推进办成员等6S推行过程中实际参与推进的人员使用。

书中如有错误或不妥之处，恳请读者指正或谅解，相关建议、要求等可通过微信号yuanfang3389与作者联系，在此作者表示诚挚的谢意。

姚水洪

2019年1月

CONTENTS 目录

第一章 现场 6S 管理的基础知识 ... 001

- 一、现场 6S 管理的来源 ... 002
- 二、现场 6S 管理的内容 ... 002
  - 1. 整理 ... 002
  - 2. 整顿 ... 003
  - 3. 清扫 ... 003
  - 4. 清洁 ... 003
  - 5. 素养 ... 004
  - 6. 安全 ... 004
- 三、现场 6S 管理的推进步骤 ... 004
- 四、现场 6S 管理的实施要领 ... 007
  - 案例 某装备制造企业 6S 实施步骤 ... 008

第二章 整理的操作工具 ... 011

- 一、整理的操作工具之一：寻宝活动 ... 012
  - 1. 寻宝活动操作内容 ... 012
  - 2. 寻宝活动操作要点 ... 012
  - 案例 某机械制造企业寻宝活动 ... 014
- 二、整理的操作工具之二：红牌作战 ... 014
  - 1. 红牌作战操作内容 ... 014
  - 2. 红牌作战操作要点 ... 015
  - 案例 某家具制造有限公司红牌作战办法 ... 018
- 三、整理的操作工具之三：定点摄影 ... 019
  - 1. 定点摄影操作内容 ... 019
  - 2. 定点摄影操作要点 ... 021
  - 案例 某公司定点摄影方案及推行方法 ... 022

第三章 整顿的操作工具 024

一、整顿的操作工具之一：定置管理 025
    1. 定置管理操作内容 025
    2. 定置管理操作要点 030

二、整顿的操作工具之二：可视化管理 034
    1. 可视化管理的操作内容 034
    2. 可视化管理的操作要点 035

三、整顿的操作工具之三：看板管理 036
    1. 看板管理操作内容 036
    2. 看板管理操作要点 039
    案例 某公司的看板管理 040

四、整顿的操作工具之四：目视管理 040
    1. 目视管理操作内容 040
    2. 目视管理操作要点 042

五、整顿的操作工具之五：识别管理 044
    1. 识别管理操作内容 044
    2. 识别管理操作要点 044

六、整顿的操作工具之六：标识行动 047
    1. 标识行动操作内容 047
    2. 标识行动操作要点 047
    案例 某公司标志牌的制作标准 050

第四章 清扫的操作工具 052

一、清扫的操作工具之一：防呆法 053

目录

　　1. 防呆法操作内容 053
　　2. 防呆法操作要点 054
　　　　案例　某电子企业的防呆防错项目实施 054
二、清扫的操作工具之二：形迹管理法 055
　　1. 形迹管理法操作内容 055
　　2. 形迹管理法操作要点 056
三、清扫的操作工具之三：色别管理 057
　　1. 色别管理操作内容 057
　　2. 色别管理操作要点 057
四、清扫的操作工具之四：洗澡活动 061
　　1. 洗澡活动操作内容 061
　　2. 洗澡活动操作要点 062
　　　　案例　某公司关于开展"洗澡活动"的方案 063
五、清扫的操作工具之五：白手套法 065
　　1. 白手套法操作内容 065
　　2. 白手套法操作要点 065
　　　　案例　海尔的白袜子、白手套 066
六、清扫的操作工具之六：油漆作战 066
　　1. 油漆作战操作内容 066
　　2. 油漆作战操作要点 067

第五章　清洁的操作工具 072

一、清洁的操作工具之一：走动式管理 073
　　1. 走动式管理操作内容 073

  2. 走动式管理操作要点 073
    案例 麦当劳的走动式管理 075
 二、清洁的操作工具之二：4M1E 控制 076
  1. 4M1E 控制操作内容 076
  2. 4M1E 控制操作要点 077
 三、清洁的操作工具之三：标准化 079
  1. 标准化操作内容 079
  2. 标准化操作要点 080
    案例 麦德龙标准化商品的供应链管理 080

第六章 安全的操作工具 082

 一、安全的操作工具之一：五感点检法 083
  1. 五感点检法操作内容 083
  2. 五感点检法操作要点 083
 二、安全的操作工具之二：预防管理 085
  1. 预防管理操作内容 085
  2. 预防管理操作要点 085
 三、安全的操作工具之三：源头治理法 086
  1. 源头治理法操作内容 086
  2. 源头治理法操作要点 087
    案例 1 某公司污染源对策及费用评估 089
    案例 2 某公司污染源治理对策 089
 四、安全的操作工具之四：危险预知法 090
  1. 危险预知法操作内容 090
  2. 危险预知法操作要点 090
    案例 某公司危险预知训练表 092

五、安全的操作工具之五：安全检查表法 092
　　1.安全检查表法操作内容 092
　　2.安全检查表法操作要点 095
　　　案例1　某公司安全检查表分析 096
　　　案例2　安全检查记录表 098

六、安全的操作工具之六：专业保全法 099
　　1.专业保全法操作内容 099
　　2.专业保全法操作要点 100

第七章　素养的操作工具 104

一、素养的操作工具之一：自主改善 105
　　1.自主改善操作内容 105
　　2.自主改善操作要点 105
　　　案例　包钢员工自主改善：让成果覆盖每个角落 107

二、素养的操作工具之二：晨会 108
　　1.晨会操作内容 108
　　2.晨会操作要点 109

三、素养的操作工具之三：3U-MEMO法 112
　　1.3U-MEMO法操作内容 112
　　2.3U-MEMO法操作要点 113
　　　案例　某企业生产车间班组3U-MEMO检查表 113

四、素养的操作工具之四：5W1H技术 114
　　1.5W1H技术操作内容 114
　　2.5W1H技术操作要点 114
　　　案例　图书馆自习室打扫卫生 115

五、素养的操作工具之五：改善提案法 116
　　1. 改善提案法操作内容 116
　　2. 改善提案法操作要点 116
　　　案例　某矿业有限公司厂务部自主改善提案管理 119

第八章　6S管理提升工具 121

一、6S管理提升工具之一：PDCA循环 122
　　1. PDCA循环操作内容 122
　　2. PDCA循环操作要点 123
　　　案例　野马的成功营销 124
二、6S管理提升工具之二：目标管理法 125
　　1. 目标管理法操作内容 125
　　2. 目标管理操作要点 126
　　　案例　某机床厂目标管理 127
三、6S管理提升工具之三：内部检查（考核）... 128
　　1. 内部检查（考核）操作内容 128
　　2. 内部检查（考核）操作要点 129
　　3. 外部审核（评星）操作要点 130
四、6S管理提升工具之四：标杆管理 132
　　1. 标杆管理操作内容 132
　　2. 标杆管理操作要点 132
　　　案例　宝钢标杆管理 135

参考文献 137

第一章

现场6S管理的基础知识

第一章 现场6S管理的基础知识

 现场6S管理的来源

6S管理的来源是日本的5S管理。5S管理是指在生产现场中对人员、机器、材料、方法等生产要素进行有效管理。1955年，日本5S的宣传口号为"安全始于整理整顿，终于整理整顿"，当时只是推行前面的2S，其目的仅是确保作业空间和安全，后因生产控制和质量控制的需要而逐步提出后续的3S，即"清扫""清洁""素养"，从而使其应用空间及适用范围进一步拓展。20世纪50年代以来，以丰田、松下等为代表的日本企业的管理水平与发展能力获得世界公认，其基于基础管理获得的效率、质量、安全使得这些企业形成傲步世界的核心能力。由于5S管理简单、实用、效果显著，在丰田公司的倡导下，在日本企业中广泛推行，其在塑造企业的形象、降低成本、准时交货、安全生产、高度的标准化、创造令人心旷神怡的工作场所、现场改善等方面发挥了巨大作用。

日本人通过持之以恒地推行5S管理，使企业基础管理水平不断提升。5S管理训练和培养了日本企业员工"认真对待每一件小事，有规定按规定做"的工作作风，改变了日本产品的品貌，为生产一流品质的工业产品奠定了良好的基础，为日本经济在第二次世界大战后的迅速崛起注入了活力。

我国企业界和理论界在引入日本5S管理时，结合中国国情与企业运行实践，把"安全"作为一个要素加入5S中。由于"安全"日语的罗马拼音的第一个字母也与前5个要素一样都是"S"，这样日本的"5S"就变成我国的"6S"。

 现场6S管理的内容

1. 整理

将公司（工厂）内需要与不需要的东西（多余的工具、材料、半成品、成品、文具等）予以区分。把不需要的东西搬离工作场所，集中并分类，使工作现场只保留需要的东西，让工作现场整齐、漂亮，使工作人员能在舒适的环境中工作。整理的内容如表1-1所示。

表1-1 整理的内容

序号	内容	作用	效果
1	腾出空间	增加作业、仓储面积	节约资金
2	清除杂物	使通道顺畅、安全	保障安全
3	进行分类	减少寻找时间	提高效率
4	归类放置	防止误用、误发货	确保品质

2. 整顿

将整理已区分好的、在工作现场需要的东西予以定量、定点并进行标识，存放在要用时能随时可以拿到的地方，减少因寻找物品而浪费时间。

整顿三要素如表1-2所示。

表1-2　整顿三要素

序号	要素	作用	效果
1	场所	区域划分明确	一目了然
2	方法	放置方法明确	便于拿取
3	标识	避免、减少差错	提高效率

整顿三原则如表1-3所示。

表1-3　整顿三原则

序号	内容	原则	方法
1	定位	明确具体的放置位置	分隔区域
2	定品	明确容器大小、材质、颜色	颜色区分
3	定量	规定合适的重量、数量、高度	标识明确

3. 清扫

使工作场所没有垃圾、脏污，设备没有灰尘、油污，也就是将整理、整顿过要用的东西时常予以清扫，保持随时能用的状态，这是清扫的第一个目的；清扫的第二个目的是在清扫的过程中通过目视、触摸、嗅、听等方式来发现不正常的根源并予以改善。"清扫"是要把表面及里面（看到和看不到的地方）清扫干净。

清扫的目的及作用如表1-4所示。

表1-4　清扫的目的及作用

序号	目的	作用
1	提升作业质量	提高设备性能
2	良好工作环境	减少设备故障
3	"无尘化"车间	提高产品质量
4	目标"零故障"	减少伤害事故

4. 清洁

将整理、整顿、清扫后的清洁状态予以维持，最重要的是找出根源并予以排除。例如，工作场所脏污的源头、造成设备油污的漏油点等。

清洁的作用和要点如表1-5所示。

表1-5 清洁的作用和要点

序号	作用	要点
1	培养良好工作习惯	职责明确
2	形成企业文化	重视标准化管理
3	维持和持续改善	形成考核成绩
4	提高工作效率	强化新人教育

5. 素养

使全员参与整理、整顿、清扫、清洁的工作，保持整齐、清洁的工作环境，为了做好这项工作而制定各项相关标准供大家遵守，让大家都能养成遵守标准的习惯。

素养推行要领和方法如表1-6所示。

表1-6 素养推行要领和方法

序号	要领	方法
1	制定规章制度	利用早会、周会进行教育
2	识别员工标准	服装、厂牌、工作帽等识别
3	开展奖励制度	进行知识测验评选活动
4	推行礼貌活动	举办板报、漫画活动

6. 安全

将工作场所里可能造成安全事故的发生源（地面油污、过道堵塞、安全门被堵塞、灭火器失效、材料和成品堆积过高有倒塌危险等）予以排除或预防。

安全管理的目的：保障员工安全，保证生产正常运转，减少经济损失，采取紧急对应措施。

执行的方法：安全隐患识别，现场巡视。

现场6S管理的推进步骤

（1）成立推行组织，明确组织职责

成立6S活动推行组织，建议由企业主要领导出任6S活动推行委员会主任，以示对此活动之支持，具体可由副主任负责活动的全面推行。

(2) 拟定推行方针及目标

推行方针：企业推行6S时，制定方针作为导入的指导原则。例如，推行6S管理、塑某某企业一流形象；规范现场、现物，提升人的品质。

推行目标：先预设定期望目标，作为活动的努力方向及便于活动过程中的成果检查。例如，第4个月各部门考核90分以上。

(3) 拟订工作计划及实施方法

拟订工作计划与相应的日程安排，并确定实施方法，将计划公布出来，让所有的人都知道实施细节，让相关部门的负责人以及企业的全体员工都知道应该在什么时间内完成什么工作。

实施方法如下。

① 拟订大日程计划作为推行及控制的依据。
② 收集资料及借鉴他人做法。
③ 制定6S实施办法。
④ 制定"要"与"不要"的物品区分标准。
⑤ 制定6S评比的方法。
⑥ 制定6S奖惩办法。
⑦ 其他相关规定(6S时间等)。

(4) 培训教育

对企业每个部门进行全员教育，内容包括6S的内容及目的、6S的实施方法、6S的评比方法等，以及对新进员工的6S训练。

(5) 前期宣传造势

6S管理的本质是为了宣传一种追求卓越的文化，营造一个良好的工作氛围，养成良好的工作习惯。文化与"势"是紧密关联的。因此，适当的宣传造势活动有助于6S文化的建立，宣传工作贯彻于6S工作的始终。宣传的方式包括公司领导发表宣言（晨会、内部报刊等）、海报与内部报刊、公司网络、宣传栏等。

(6) 导入实施6S活动

前期作业准备(责任区域明确、用具和方法准备)、样板区推行、定点摄影、公司彻底的"洗澡"运动、区域划分与画线、红牌作战、目视管理，以及明确6S推行时间等，都是导入实施过程中所需要完成的工作。

① 现场诊断。在推行6S之前，应根据6S的基本要求对公司现场进行诊断与评论，比较客观地掌握公司的整体水平，并对公司的现状进行分析。

② 前期工作准备。现场诊断后，就得开始着手准备6S的推行工作，包括对推行方法的说明、责任区域的明确及各种用具的准备。

③ 样板区的选定。前期准备工作完成后，应结合整个6S推行计划，选定几个样板区，集中力量进行6S推行工作。

④ 实施改善。改善是寻求更好的方法，并做成能保证预期效果的标准来实施。日常管理强调的是遵守标准，将相同的状态维持下去，而改善工作就是基于日常管理使之更加完善。样板区的改善应在日常管理之上，而不仅限于原来的工作方法、方式。

⑤ 效果确认及总结报告。样板区6S推行工作告一段落后，应着手准备成果验收并总结报告。组织全员到样板区进行观摩学习，并讲解推行过程、出现的问题、注意事项等。

（7）考评方法确定

在确定评估考核方法的过程中需要注意的是，必须有一套合适的考评标准，并在不同的系统内因地制宜地使用合适的标准；对企业内所有生产现场的6S考评都依照同一种现场标准进行打分，对办公区域则应该按照另一套标准进行打分。

（8）评比审核

为评价6S推行的有关结果是否符合公司的期望和要求而进行的内部自我检查，即公司的评比审核。要想使评比审核具有可行性与可靠性，企业需要制定一套具有高度可行性、科学性的6S考评标准。评比审核后，还应针对在审核中发现的问题，提出评估意见，并提出改进措施和改进计划，使6S的水准不断进步和提高。

（9）评比及奖惩

依6S活动竞赛办法进行评比，公布成绩，实施奖惩。

（10）检讨与修正

各责任部门依缺点项目进行改善，不断提高。

（11）全面推进6S管理

当6S管理样板区推行成功后，就应该依照以前的工作标准、工作经验等体系在公司各个部门大面积地横向展开。

（12）纳入定期管理活动

将6S纳入定期管理活动中，包括标准化与制度化的完善、实施各种6S管理强化月活动。

现场6S管理的实施要领

（1）以客户和员工满意为关注焦点

6S管理的最终目的是提高企业员工的素养，使客户满意，为企业带来更多的利润。

（2）全员参与，快乐实施

6S的推行要做到企业上下全体一致，全员参与。6S管理活动的每一个环节，也就是每一个部门、每一个人都有责任；每一个责任之间都要环环相扣，也就是说，每一个领导干部之间都要环环相扣。

（3）培养6S管理氛围，形成一种改善的氛围

充分地利用口号、标语、宣传栏等，让每个员工明白6S推行是企业迈向成功的重要途径，6S的一些口号、标语和宣传栏要让每个人都了解。

（4）高层领导支持

最高领导要抱着"我来做"的决心，亲自出马。在6S推行会议上，领导要集思广益，让大家积极地提出怎么做会更好的方法。

（5）理解6S的要义

6S管理的推进要说明6S管理的要义（总结出包括物品、环境、场所等工作现场管理的要点，并融会工作与生活的哲学），让每个员工都毫无疑问地去执行。在推行过程中，让员工参与，参观学习效果显著的6S管理示范区，或提出更好的改进意见。

（6）上下一心，彻底推进

领导要有雷厉风行的良好作风，制定明确的方针和目标，确立推进的体制和方式，这样才能上下齐心，彻底推进。

（7）领导经常巡视现场

领导经常巡视现场是具体表示对6S大力支持的方法之一。通常，有组织的巡视活动是根据6S检查表上的要求事项进行的。

（8）以6S作为改善的平台

通过推行6S，可以达到降低成本、提升产品质量的目的。要坚持推行6S，使管理更流畅，从根本上解决发展中的问题。

某装备制造企业6S实施步骤

步骤一：成立6S推进组织

① 成立6S推进组织——6S推进小组，主导全公司6S活动的开展，公司主管生产的总经理助理是6S推进小组负责人。

② 生产管理部工业工程科为6S的归口管理部门，主持日常工作。

③ 公司各部门（或车间）必须指派一位员工为现场管理（联络）员。

④ 各部门领导是本部门6S推进小组的第一责任人。

步骤二：拟定推进方针及目标

① 推行6S活动，要依据公司的方针和目标，制定具体可行的6S方针，作为6S活动的准则。方针一旦制定，要广为宣传。例如，全员参与6S活动，持续不断改善，消除浪费，实现"零"库存。

② 6S活动推进时，应每年或每月设定一个目标，作为活动努力的方向和便于活动过程中成果的检讨。例如，现场管理100%实现三定：定品目、定位置、定数量。

> 目标：
> 对内：营造一个有序高效的工作环境。
> 对外：成为一个让客户感动的公司。

步骤三：拟订推行计划及实施办法

① 6S活动推行计划表。工业工程科年初制订公司6S网络计划交公司领导审批；各部门也必须于年初制订本部门6S网络计划，交工业工程科审核。

项次	项目	计划											备注
		2月	3月	4月	5月	6月	7月	8月	9月	10月	11月	12月	1月	
1	6S外派培训													
2	筹建6S推进委员会													
3	6S的全员教育													培训等
4	推进6S改善样板													
5	6S活动日													
6	红牌作战													
7	看板作战													
8	全公司大扫除													
9	建立巡视制度													
10	建立评比制度													
11	6S之星													
12	表彰/报告会													

② 6S的实施办法。
- 制定6S活动实施办法。
- 制定"要"与"不要"的物品区分标准。
- 制定6S活动评比办法。
- 制定6S活动奖惩办法。
- 其他相关规定等。

步骤四：教育培训

① 公司对管理人员、每个部门对全员进行教育。
- 6S的内容及目的。
- 6S的实施办法。
- 6S的评比办法。
- 到标杆单位参观或参加交流会，汲取他人经验。

② 新员工的6S培训。

步骤五：宣传造势

① 召开动员大会，由公司领导和各部门领导表示推行6S活动的决心。
② 领导以身作则，定期或不定期地巡视现场，让员工感受到被重视。
③ 利用公司内部刊物宣传介绍6S。
④ 外购或制作6S海报及标语在现场张贴。
⑤ 每年规定一个6S月或每月规定一个6S日，定期进行6S的加强及再教育。
⑥ 举办各种活动及比赛（如征文、漫画活动等）。

步骤六：局部推进6S

① 选定样板区。对公司整个现场进行诊断，选定一个样板区。
② 实施改善。集中精锐力量对样板区进行现场改善，对改善前后的状况摄影。
③ 效果确认，经验交流，让其他部门进行参观并推广。

步骤七：全面推进6S

① 红牌作战。
② 目视管理及看板作战。
③ 识别管理。
④ 开展大扫除，将企业的每个角落都彻底清扫。
⑤ 改善。
⑥ 标准化。

步骤八：6S巡回诊断与评估

① 6S推进小组定期或不定期地巡视现场，了解各部门是否有计划、有组织地开展活动。

② 6S问题点的质疑、解答。

③ 了解各部门现场6S的实施状况，并针对问题点开具"现场6S整改措施表"，责令限期整改。

④ 对活动优秀部门和员工加以表扬、奖励，对最差部门给予曝光并惩罚。

第二章

整理的操作工具

整理的操作工具之一：寻宝活动

1. 寻宝活动操作内容

（1）寻宝内容界定

寻宝活动是现场6S管理初期使整理活动趣味化的一种方法。

所谓"宝"，是指需要彻底找出的不要物。说它是宝，并不是说它本身有多大价值，而是因为它隐藏较深，不易被发现，如果处理得当对于整理活动的成功很重要。

寻宝活动必须有章可循，必须依照约定的时间、区域和标准等来进行。

寻宝内容示意图如图2-1所示。

各种材料堆放在一起，不知道哪些是需要的东西。

图2-1　寻宝内容示意图

（2）寻宝操作原则

① 只寻找不要物，不追究责任。
② 找到越多不要物，员工奖励越高。
③ 交叉互换区域寻宝，防止弄虚作假。
④ 有争议的物品，提交6S标准化管理模式推行委员会裁决。
⑤ 部门重视的，给予组织奖励。

2. 寻宝活动操作要点

（1）制订寻宝计划

实施计划由企业6S推行委员会组织制订，办公室或者文化办给予配合。计划应包括目的、范围以及活动要求、奖励办法等。实施计划经推行委员会主任批准后，要在企业的相关会议、企业局域网、宣传栏等进行传达，以营造活动的氛围。

（2）记录清理出的物品

对寻宝活动清理出的物品，要按部门或区域统一集中到一个地方，同时要做好以下几点。

① 用数码相机对打算清理出的物品进行拍照，以记录物品的现有状态。

② 对清理出的物品进行分类，并列出清单。清单中应对物品名称、规格型号、单位、数量等进行记录，并提出处理意见，按程序报相关部门审核批准。不用物品处理统计记录表如表2-1所示。

③ 清理出的所有物品要经使用部门确认，必须是确实不需要的物品。

表2-1　不用物品处理统计记录表

部门：　　　　　　　　　　　　　　　　　　　　　　　　　　年　　月　　日

物品名称	规格型号	单位	数量	处理原因	所在部门意见	推行委员会意见	备注

（3）评价并处理清理出的物品

对清理出的物品，推行委员会应组织相关部门对其进行评价，确定处理办法。主要包括以下几点。

① 对确实无用的物品应予以报废。

② 对本部门不需要、其他部门需要的物品，应予以调剂。

③ 对积压的产品，应尽量与原厂家协商调剂，或者是降价出售给其他厂家。

④ 机械设备可作为二手产品降价出售，工装、模具应尽量改作他用，无使用价值的物品，当废品出售。

⑤ 对易造成环境污染的不用物品，应交有资质处理的单位处理，防止发生环境污染。

（4）"宝物"账面处理

对于无用物品，财务部门要进行必要的账面处理，以备日后账目核对。

（5）寻宝表彰

寻宝活动结束后，各部门要将活动所取得的成绩报6S推行委员会，推行委员会要对活动的成效进行评估，总结好的经验，提出改进意见，对活动中表现好的部门和个人要给予表彰和奖励。

第二章　整理的操作工具

 某机械制造企业寻宝活动

某企业在实施现场6S管理后，整个生产现场变得规范化、标准化、程序化，员工的尊重需求和成就需求在整洁的工作环境下得到满足，对企业的归属感更甚从前。但是该企业认为，一个优秀的组织永远不应该满足现有的成绩，仍坚持开展红牌作战、寻宝活动等，不断地对生产现场进行改善与整顿，从而激励员工精益求精的精神，使员工更愿意为生产现场付出爱心和耐心，也逐步养成"以厂为家"的好作风。随着现场6S管理的深入，该企业员工的素养得到了极大的提高，创新思维不断展现，提出一系列合理化建议，进而增强了企业活力。

寻宝活动是专门针对容易被人忽视的地方进行整理活动，因而针对性强，有助于实现彻底的现场6S管理。寻宝活动的趣味性较高，可以提高员工的素养和工作积极性，增强企业活力。如果在寻宝活动中增加一些创意，如对寻到"宝"的部门或个人，根据其成绩大小，给予相应的纪念品和奖励，效果会更好。

 整理的操作工具之二：红牌作战

1. 红牌作战操作内容

（1）红牌作战的实施对象

红牌作战是指在工厂内找到问题点，针对问题点悬挂红牌，让大家都明白问题所在，并积极地去改善，从而达到整理、整顿、清扫的目的。

① 任何不满足6S规范要求的。
② 工作场所的无用品、非必需品。
③ 机、地、台、窗、墙、顶等污渍、灰尘、垃圾等。
④ 工作现场定置管理缺失、管理不善的现象。
⑤ 整理、整顿死角，清扫死角等。
⑥ 其他需要改善的问题。

- 超出期限者（包括过期的标语、通告）。
- 物品变质者（含损坏物）。
- 物品可疑者（不明之物）。
- 物品混杂者（合格品与不合格品、规格或状态混杂）。
- 不使用的东西（不用但又舍不得丢掉的物品）。

- 过多的东西（虽要使用但过多）。

（2）6S各阶段中的红牌作战

红牌是指用红色的纸做成的6S问题单。红牌上记录的内容包括责任部门、对存在问题的描述和相应的对策、要求完成整改的时间以及审核人等。

红牌一般分为两种，一种是只寻找非必需品的红牌，另一种是发现企业问题（包括存在非必需品）的红牌。选择哪一种红牌，企业可以根据自己的具体情况自行选择。如果检查只限于整理、整顿，建议使用第一种红牌；如果检查是为了发现多种问题，建议使用第二种红牌。

在6S活动的各个阶段中，红牌作战策略的具体内容是不同的。下面是整理、整顿、清扫、安全方面的红牌作战。

① 整理。6S整理活动，主要是区分必要物和不要物，留下必要物，清理掉不要物。红牌作战在整理阶段的应用就是寻找到现场的不要物，给这些不应出现的物品挂上或贴上红牌，以促进对不要物的清理。

② 整顿。整顿活动中，需要按照"定位置、定方法、定数量、定标识"的基本原则对必要物进行整顿。整顿阶段的红牌作战是用"红牌"对不符合上述"四定"原则的物品、场所进行标识。这样就能很直观地看到工作场所中不合理的物品摆放情况，并提醒工作人员加以改善。

③ 清扫。清扫活动就是清扫生产现场的环境、物品和设备，使之干净、整洁。这个阶段的红牌作战，主要针对有油污不清洁的设备、不整洁的柜架、藏污纳垢的车间死角等地方，迫使现场人员进行清扫，以解决这些"红牌"问题。

④ 安全。6S安全活动就是消除生产现场的安全隐患，确保现场人员的人身安全。安全阶段的红牌作战就是对各方面的安全隐患点，如设备安全隐患、漏电隐患、车间突出物、消防器材不规范等，进行确认和挂牌。

2. 红牌作战操作要点

（1）动员

部门领导要详细讲解"红牌作战"的目的、意义、实施细则等，争取员工的理解和支持，以正确的态度对待"红牌作战"，指派专人负责、推进，并对作战结果进行汇总。

（2）贴牌

由专职人员对工作场所全部问题点张贴"红牌"，张贴时要对"红牌"进行编号，并详细填写"部品名称""所属部门"。

红牌作战贴牌表如表2-2所示。

表2-2 红牌作战贴牌表

编号	GYK-AB001、GYK-FAX001、GYK-STPH001、GYK-LAB001、GYKBG001			
部品名称				
所属部门				
存在状态	必要	不必要	不良	不明
处置方法	现场放置	移出保管	送还	扔掉
日期				

注：在"存在状态"所选择的项目下面打"√"；在"处置方法"所选择的项目下面填写"处置的场所"。

（3）问题点的判断准则

① 地板上30厘米高度的空间不放置物品（地板上30厘米高度的空间是垃圾的通道，严禁放置物品）。

② 墙壁周围不放置物品（墙壁周围易积攒垃圾、不易清扫，不要放置物品）。

③ 定期扫除看不到的地方（看不到的地方易积攒垃圾，如天花板以及设备内部）。

④ 问题的工序要放置在全员可以看到的场所。

问题点的判断如表2-3所示。

表2-3 问题点的判断

分类	使用频率	处置方式
必要	每小时	放工作台上或身边
	每日	放存料车上推出现场
	每周	指定位置存放
不必要	每月	集中存放/材料库保存
	每季度	集中存放/材料库保存
	每年	材料库保存
	1年以上	扔掉
不良	无用的	扔掉
	有用的	材料库保存
不明	无用的	扔掉
	有用的	扔掉

（4）处置

① 根据判断准则，由专职人员对张贴"红牌"的物品询问5次为什么，并填写存在状态、处置方法、日期。

② 由部门领导对"红牌"做最终的检查和处置。

③ 上述工作结束后，由部门领导对本部门的作战结果进行汇总，采用数字和图片的形式，将"红牌作战"实施前后的现场状况进行比较、说明，并公布结果。

（5）监督检查

部门内部作战结束后，为了保证红牌作战达到最好的效果，将采取部门间交叉监督检查的形式进行督导。

（6）成果发表

发表形式：PPT格式（数字/图片，红牌作战前后对比）。

第一页：成果汇总。红牌作战模板如表2-4所示。

第二页以后：图片对比。

表2-4　红牌作战模板

项目	红牌张贴数量	现场放置数量	移出保管数量	送还数量	扔掉数量
成果					
备注					

红牌作战推进日程安排如表2-5所示。

表2-5　红牌作战推进日程安排

实施项目	日程										责任人
	2·8	2·9	2·10	2·11	2·12	2·13	2·14	2·15	2·16	2·17	
红牌作战说明											部门专职人员
部门内部动员											部门领导
红牌贴牌											部门专职人员
红牌处置											部门专职人员
红牌确认/回收											部门领导
作战结果汇总/检查											部门领导
作战结果发表											部门领导

(7)回收红牌

回收红牌记录如表2-6所示。

表2-6 回收红牌记录

部门：_____

序号	区域场所	发行序号	发行日	发行人	完成日	回收日	认可日	备注
1								
2								
3								
……								

红牌作战示意图如图2-2所示。

红牌作战

NO.	5			
部品名称	资料			
所属部门	品重			
存在状态	必要	不必要	不良	不明
	√			
处置方法	现场放置	移出保管	送还	扔掉
		归档保存		
日期	2.7			

注：在"存在状态"所选择的项目下面打"√"；在"处置方法"所选择的项目下面填写"处置的场所"。

图2-2 红牌作战示意图

某家具制造有限公司红牌作战办法

① 作战指挥。红牌作战由推行办指定并组织专门人员成立作战小组，对现场问题点进行作战。作战前，推行办必须组织准时生产（JIT）推行委员和作战小组成员培训，使其能够清楚掌握作战现场问题点的判定方法。

② 作战工具。推行办统一印刷的6S管理活动问题票等。

③ 作战记录。6S管理活动问题票按部门/车间、班组等问题点发生场所进行发放、

整理。每次6S管理活动问题票发行数量、整改结果由作战小组负责统计，各区域JIT先锋负责公布。

④ 整改期限。一般可分为2小时、1天、2天、4天、1周共5种。

⑤ 6S管理活动问题票回收。要求日回收率达到90%以上。

⑥ 红牌作战资格确认。整理、整顿合格率达不到85%以上的区域不具备红牌作战的资格（判别方法：任选一个小区域，JIT推行办联合作战小组确认工作现场满足"三定""三要素"的物品占总物品比率达到85%以上的区域才能取得红牌作战资格）。

三 整理的操作工具之三：定点摄影

1. 定点摄影操作内容

（1）摄影内容

定点摄影主要是通过对现场的前后对照和不同部门的横向比较，给各部门造成无形的压力，促使各部门做出整改措施。不能将定点摄影简单地理解为拍照。

定点摄影充分利用了各部门与员工的竞争心理和面子心理，能够有效地改善生产现场脏、乱、差等不良状况，从而减少产品的不合格率与错误发生率，保证生产现场的工作效率与安全。

某卷烟厂在推行6S管理之处，采取试点推行的办法。通过定点摄影，把每个部门最脏、最乱、最差的地方找出来。随着工作的开展，样板区现场发生了显著变化，干净、整洁的样板呈现在员工面前，使员工对这一新事物逐渐有了认同的感觉。为了推行6S管理，该卷烟厂采取了各项积极措施。厂部推行委员会制定"要"与"不要"的判断基准、油漆使用教程、如何画线、物品定位及标示准则、废弃物处理方法等规则，采用定点摄影方法来对比实施6S管理前后的变化，用红牌作战方法对问题加以改进。厂领导亲临一线指导6S管理，物品摆放井然有序，事事有人负责，员工能够以高度的热情投入生产中。通过推行6S管理，该卷烟厂的生产现场管理水平得到极大的提高，对其他各项工作的开展产生了积极的促进作用。

现场定点摄影对比图如图2-3所示。

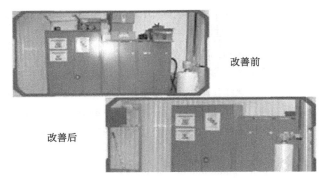

图2-3 现场定点摄影对比图

（2）摄影类型

定点摄影类型分为全景图、局部区域图、细节近景图三种。

全景图示例如图2-4所示。

图2-4 全景图示例

局部区域图示例如图2-5所示。

图2-5 局部区域图示例

细节近景图示例如图2-6所示。

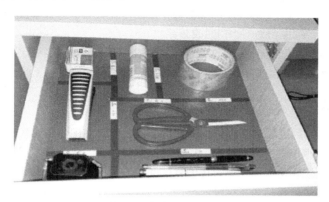

图2-6　细节近景图示例

（3）照片运用

除了将照片贴在员工看得见的公告栏上之外，企业还应将其贴在特制的图表上，并以此为基础召开会议。

在"定点摄影图表"的第一阶段（通常安排四个阶段），贴上照片并记下摄影日期，记入评分。评分从低到高依次为1分、2分、3分、4分、5分。建议栏填写较随意，可以由上级填写建议，也可以填写对员工的要求等。

定点摄影图表如表2-7所示。

表2-7　定点摄影图表

阶段	照片	摄影日期	评分	建议

2. 定点摄影操作要点

（1）操作方法

① 定点拍摄。在现场定点拍摄一些需改善现象的照片，如需区分"要"与"不要"的物品。

② 建立共识。将拍摄好的照片交推行委员会讨论，选定哪些照片作为改善主题。

③ 看板公告。将选定照片制作成看板，让推行委员会带回各单位张贴，让所有人员均能了解欲改善的主题为何、何时改善完成。

④ 后续确认。在改善完成或改善至某一阶段，可再针对主题做定点拍摄，公布于看板上，让所有人员均能确实明了目前的改善进度。

（2）注意事项

在定点摄影运用过程中，每个车间、每个部门可以贴出一些有代表性的照片，并在照片上详细标明车间主任的名字、现场责任人的名字、违反了6S管理的哪些规定。这样就能将问题揭露得清清楚楚，也使存在问题的部门有相当大的整改压力。改善前的现场照片，促使各部门为了维护本部门的形象与利益而采取相应的解决措施；改善后的现场照片，能让各部门的员工获得成就感与满足感，从而有进一步改善的动力。

企业实施定点摄影时，要做好以下工作。

① 拍摄前，必须征得被拍摄者的同意。

② 拍摄时，拍摄者应尽量站在同一位置，面向同一方向。如果要变焦，应使用同一焦距。

③ 照片要印上日期。定点拍摄的前后两张照片的不同点只是反映改善前后的不同状况和拍摄的不同日期。

定点摄影日期标识图如图2-7所示。

图2-7　定点摄影日期标识图

 某公司定点摄影方案及推行方法

① 每周在每个车间或仓库内选定2个6S管理较差的区域进行摄影，并将其公布在公司公告栏上。注明是哪一个车间或仓库，车间或仓库主管（负责人）是谁，标注改进期限。另在选定的地点挂上红牌，让全体员工监督其改善情况。

② 红牌示例：

红　牌

编号			年　　月　　日	
填单人				
责任部门				
贴标地点				
改善事项				
未定位		不清洁		
未区分		不安全		
未定量		不需要		
其他				
改进期限		日内		

③ 在随后的一个星期内，在同一地点再给予摄影，同样将其公布在公告栏中，并注明是哪一个车间或仓库，车间或仓库主管（负责人）是谁。

④ 对于同一地点一次改善彻底的，给予其车间主管（负责人）全场通报表扬；对于同一地点改善不好的、改善力度不够的或者寻找借口的，给予其车间主管（负责人）全场通报批评，直至该地点按照6S的标准整理好，方可撤销通报批评。

⑤ 在以后的每个星期，另选地点进行定点摄影，按照以上方法反复进行。

⑥ 对于在开展6S管理期间，主动改善好的或积极配合改善车间或仓库的，同样给予公开表扬。

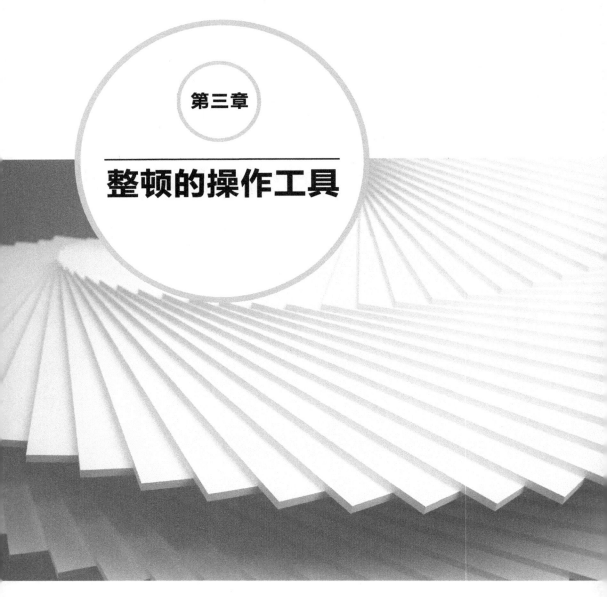

Chapter Three

第三章

整顿的操作工具

整顿的操作工具之一：定置管理

1. 定置管理操作内容

（1）定置内容

定置管理中的"定置"不是字面理解的"把物品固定地放置"。它的特定含义是：根据生产活动的目的，考虑生产活动的效率、质量等制约条件和物品自身的特殊要求（如时间、质量、数量、流程等），划分出适当的放置场所，确定物品在场所中的放置状态，作为生产活动的主体人与物品联系的信息媒介，从而有利于人、物的结合，有效地进行生产活动。对物品进行有目的、有计划、有方法的科学放置，称为现场物品的"定置"。

定置管理的内容较为复杂，在企业中可粗略地分为企业区域定置、生产现场定置和办公室定置等。

1）企业区域定置

企业区域包括生产区和生活区。

① 生产区定置。生产区定置包括总厂定置、分厂（车间）定置、库房定置。

总厂定置包括分厂（车间）界限划分，大件报废物摆放，改造厂房的拆除物临时存放，垃圾区、车辆存停等；分厂（车间）定置包括工段、工位、机器和设备、工作台、工具箱、更衣箱等；库房定置包括货架、箱柜、存储容器等。

总厂定置管理内容如下。

- 根据总厂生产与管理需要，合理设计总厂定置管理图。
- 根据总厂生产与管理需要，合理设计分厂（车间）界限定置管理图。
- 总厂区道路定置。
- 总厂区车辆存停区域定置。
- 大件报废物临时存放区域定置。
- 厂房改造拆除物临时存放定置。
- 垃圾区定置。

分厂（车间）定置管理内容如下。

- 根据车间生产需要，合理设计车间定置管理图。
- 对物品临时停滞区域定置。
- 对工段、班组及工序、工位、机台定置。
- 对工具箱和设备定置。
- 质量检查现场定置。

车间定置管理内容图如图3-1所示。

图3-1　车间定置管理内容图

库房定置管理内容如下。
- 设计库房定置图，悬挂在库房的醒目处。
- 对易燃、易爆、有毒及污染环境、限制存储的物品实行特别定置。
- 限制存储物品要用特定的信息表示接近存储期。
- 账簿前页应有序号、物品目录及存放点。
- 特别定置区域要用标准符号和无标准符号或规定符号表示。
- 物品存储的区域、料架号、序号必须与账、卡、物、目录相符。

库房定置管理内容图如图3-2所示。

图3-2　库房定置管理内容图

② 生活区定置。生活区定置涉及道路建设、福利设施、园林修造、环境美化等。生活区定置管理内容图如图3-3所示。

图3-3 生活区定置管理内容图

2）生产现场定置

① 区域定置。区域定置内容如下所示。

A类区。放置A类物品，如在用的工具、夹具、量具、辅具，正在加工、交检的产品，正在装配的零部件。

B类区。放置B类物品，如重复上场的工艺装备、辅具、运输工具，计划内的投料毛坯，待周转的半成品，待装配的外配套件及代保管的工艺装备，封存设备，车间待管入库件，待料，临时停滞料（因工艺变更）等。

C类区。放置C类物品，如废品、垃圾、料头、废料等。

生产现场区域定置管理内容图如图3-4所示。

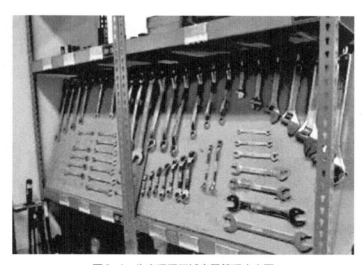

图3-4 生产现场区域定置管理内容图

② 设备、工艺装备的定置。

• 根据设备管理要求，对设备划分类型（精密、大型、稀有、关键、重点等设备），分类管理。

• 自制设备、专用工艺设备经验证合格交设备管理部门管理。

• 按照工艺流程，将设备合理定置。

• 对设备附件、备件、易损件、工艺装备合理定置，加强管理。

③ 操作者定置。人员实行机台（工序）定位：某台设备、某工序缺员时，调整机台操作者的原则是保证生产不间断；培养多面手，搞一专多能。

操作者定置管理示意图如图3-5所示。

图3-5　操作者定置管理示意图

④ 质量检查现场定置。

• 检查现场一般划分为合格品区、待检区、返修品区、废品区、待处理区。

• 区域分类标记。可用字母A、B、C等表示，也可用红、黄、蓝等颜色表示或直接用中文表示。

⑤ 质量控制点定置。即把影响工序质量的各要素有机地结合成一体，并落实到各项具体工作中去，做到事事有人负责。

• 操作人员定置（定岗）。

• 操作人员技术水平必须具备岗位技术素质的要求。

• 操作人员应会运用全面质量管理方法。

• 操作人员应做到文明生产。

⑥ 其他。包括工件的定置管理，工具箱及箱内物品的定置管理，运输工具、吊具的定置管理，安全设施的定置管理。

3）办公室定置

① 设计各类文件资料流程。

② 办公桌及桌内物品定置。

③ 文件资料柜及柜内资料定置。
④ 卫生、生活用品定置。
⑤ 急办文件、信息特殊定置。
⑥ 座椅定置表示主人去向。

办公室定置示意图如图3-6所示。

图3-6 办公室定置示意图

（2）现场定置标准

1）现场场地的定置标准化

① 要有按标准设计的现场定置图。
② 生产场地、通道、工具箱、物品存放区等都有标准的信息显示，如标牌、标志线等。
③ 对易燃、易爆物品及消防设施、有污染的物品，应符合特别定置的条件。
④ 要有车间、班组卫生区的定置，并设置责任区信息牌。
⑤ 临时停滞物品区域的定置管理规定，包括积压的半成品停滞、待安装的设备和建筑材料等，这些都要有明确的定置标准区域。
⑥ 垃圾、废弃物品回收的回收点定置，包括回收箱的分类标志。
⑦ 按定置图的要求，清除与区域无关的物品。

2）现场各工序、工位、机台的定置图

① 必须有各工序、工位、机台的定置图。
② 要有图纸架、工艺文件等资料的定置规划。
③ 有工具、夹具、量具、仪表、小型工具、工作器具在工序、工位、机台停放的定置要求。
④ 有材料、半成品及工位器具等在工序、工位摆放数量、方式的定置要求。
⑤ 附件箱、零件货架的编号必须同账、卡、目录相一致，账、卡等信息要有流水

号目录。

3）工位器具的定置标准化

工位器具是在工作地或库房重地存放生产对象或工具的各种装置，如工具箱、工具柜、工件架等。它已成为生产中不可缺少的工具。采用合适的工位器具，一方面可以防止工件的相互磕碰、划伤；另一方面可以改善生产现场环境，提高生产和工作效率。

工位器具标准化的主要内容如下。

① 必须按标准设计定置图。

② 工具摆放要严格遵守定置图，不准随便堆放。

③ 定置图及工具卡片一律贴在工具箱门内侧。

④ 工具箱的摆放地点要标准化。

⑤ 同工种、工序的工具摆放要标准化。

⑥ 编制工位器具图册。企业中使用的工位器具，若需要自制时，最好统一设计、制造，并同已有的工位器具（包括外购的）汇集成册，也可以促进其标准化、统一化。

4）消防、配电等安全设施的定置标准化

① 消防灭火器材的定置：周围画红色斑马线。

② 配电器材的定置：周围画红色斑马线。

③ 移动设备、易发生机械伤人的现场：周围画老虎线。

5）检查现场的定置标准化

① 要有检查现场的定置图。

② 要划分不同区域并用不同颜色进行标识，如成品、半成品待检区（蓝色）及合格区（绿色）、废品区（红色）、返修区、待处理区（黄色）。

③ 小件物品可装在不同颜色的大容器内，以示区别。

在定置管理要求中，为了防止消防物品混放和误用，必须有完善而准确的信息标志，包括标志线、标志牌和标志色。目视管理要定置设计，采用清晰的、标准化的信息显示符号。将各种区域、通道、物件摆放位置都鲜明地标示出来，机器、设备和各种辅助器具（如料架、工具箱、生产柜等）均应运用标准颜色标示出来，不得任意涂抹。

2. 定置管理操作要点

（1）操作步骤

1）工艺研究

工艺研究是定置管理开展程序的起点，是对生产现场现有的加工方法、机器设备、工艺流程进行详细研究，确定工艺在技术水平上的先进性和经济上的合理性，分析是否需要和可能用更先进的工艺手段及加工方法,从而确定生产现场产品制造的工艺路线和搬运路线。工艺研究是一个提出问题、分析问题和解决问题的过程,包括以下三个步骤。

① 对现场进行调查,详细记录现行方法。通过查阅资料、现场观察,对现行方法进行详细记录,为工艺研究提供基础资料,要求记录详尽准确。由于现代工业生产工序繁多,操作复杂,如用文字记录现行方法和工艺流程,势必显得冗长烦琐。在调查过程中,可运用工业工程中的一些标准符号和图表来记录,则可一目了然。

② 分析记录的事实,寻找存在的问题。对经过调查记录下来的事实,运用工业工程中方法研究和时间研究的方法,对现有的工艺流程及搬运路线等进行分析,找出存在的问题及其影响因素,提出改进方向。

③ 拟订改进方案。提出改进方向后,定置管理人员要对新的改进方案做具体的技术经济分析,并和旧的工作方法、工艺流程和搬运线路做对比。经确认是比较理想的方案后,才可作为标准化的方法实施。

2)对人、物结合的状态分析

人、物结合状态分析,是开展定置管理最关键的一个环节。在生产过程中必不可少的是人与物,只有人与物的结合才能进行工作,而工作效果如何,则需要根据人与物的结合状态来确定。人与物的结合是定置管理的本质和主体。

定置管理要在生产现场实现人、物、场所三者的最佳结合,首先应解决人与物的有效结合问题。在生产现场,人与物的结合有两种形式,即直接结合和间接结合。直接结合是指需要的东西能立即拿到手,不存在由于寻找物品而发生时间的耗费。如加工的原材料、半成品就在自己岗位周围,工检量具、贮存容器就在自己的工作台上或工作地周围,随手即得。间接结合是指人与物呈分离状态,为使其结合则需要信息媒介的指引。信息媒介的准确可靠程度影响人和物结合的效果。

按照人与物有效结合的程度,可将人与物的结合归纳为A、B、C三种基本状态。

A状态。表现为人与物处于能够立即结合并发挥效能的状态。例如,操作者使用的各种工具,由于摆放地点合理而且固定,当操作者需要时能立即拿到或做到得心应手。

B状态。表现为人与物处于寻找状态或尚不能很好发挥效能的状态。例如,一个操作者想加工一个零件,需要使用某种工具,但由于现场杂乱或忘记了这一工具放在何处,结果因寻找工具而浪费了时间。又如,由于半成品堆放不合理,散放在地上,加工时每次都需弯腰,一个个地捡起来,既影响了工时,又加强了劳动强度。

C状态。指人与物没有联系的状态。这种物品与生产无关,不需要人去同该物结合。例如,生产现场中存在的已报废的设备、工具、模具,生产中产生的垃圾、废品、切屑等。这些物品放在现场,必将占用作业面积,而且影响操作者的工作效率和人身安全。

因此,定置管理就是通过相应的设计、改进和控制,消除C状态,改进B状态,使之都成为A状态，并长期保持下去。

3）开展对信息流的分析

信息媒介就是人与物、物与场所合理结合过程中起指导、控制和确认等作用的信息载体。由于生产中使用的物品品种多、规格杂，它们不可能都放置在操作者的手边，如何找到各种物品，需要有一定的信息来指引；许多物品在流动中是不回归的，它们的流向和数量也要有信息来指导和控制；为了便于寻找和避免混放物品，也需要有信息来确认。因此，在定置管理中，完善而准确的信息媒介是很重要的，它影响到人、物、场所的有效结合程度。

人与物的结合，需要有四个信息媒介物。

第一个信息媒介物是位置台账，它表明"该物在何处"。通过查看位置台账，可以了解所需物品的存放场所。

第二个信息媒介物是平面布置图，它表明"该处在哪里"。在平面布置图上，可以看到物品存放场所的具体位置。

第三个信息媒介物是场所标志，它表明"这儿就是该处"。它是物品存放场所的标志，通常用名称、图示、编号等表示。

第四个信息媒介物是现货标识，它表明"此物即该物"。它是物品的自我标识，一般用各种标牌表示，标牌上有货物本身的名称及有关事项。在寻找物品的过程中，人们通过第一个、第二个媒介物，被引导到目的场所。

4）定置管理设计

定置管理设计是对各种场地（厂区、车间、仓库）及物品（机台、货架、箱柜、工位器具等）如何科学、合理定置的统筹安排。定置管理设计主要包括定置图设计和信息媒介物设计。

① 定置图设计。定置图是对生产现场所在物进行定置，并通过调整物品来改善场所中人与物、人与场所、物与场所相互关系的综合反映图。其种类有室外区域定置图，车间定置图，各作业区定置图，仓库、资料室、工具室、计量室、办公室等定置图和特殊要求定置图（如工作台面、工具箱内，以及对安全、质量有特殊要求的物品定置图）。

定置图绘制的原则如下。

• 现场中的所有物均应绘制在图上。

• 定置图绘制以简明、扼要、完整为原则，物形为大概轮廓，尺寸按比例，相对位置要准确，区域划分要清晰鲜明。

• 生产现场暂时没有，但已定置并决定制作的物品，也应在图上表示出来，准备清理的无用之物不得在图上出现。

• 定置物可用标准信息符号或自定信息符号进行标注，并均在图上加以说明。

• 定置图应按定置管理标准的要求绘制，但应随着定置关系的变化而进行修改。

② 信息媒介物设计。信息媒介物设计，包括信息符号设计和示板图、标牌设计。推行定置管理，进行工艺研究、各类物品停放布置、场所区域划分等都需要运用各种信息符号表示，以便人们形象地、直观地分析问题和实现目视管理，各个企业应根据自己的实际情况设计和应用有关信息符号，并纳入定置管理标准。在进行信息符号设计时，如有国家规定的（如安全、环保、搬运、消防、交通等）应直接采用国家标准；其他符号，企业应根据行业特点、产品特点、生产特点进行设计。设计符号应简明、形象、美观。

定置示板图是现场定置管理情况的综合信息标志，它是定置图的艺术表现和反映。标牌是指示定置物所处状态、标志区域、指示定置类型的标志，包括建筑物标牌、货架、货柜标牌、原材料、在制品、成品标牌等。它们都是实现目视管理的手段。各生产现场、库房、办公室及其他场所都应悬挂示板图和标牌，示板图的内容应与蓝图一致。示板图和标牌的底色宜选用淡色调，图面应清洁、醒目且不易脱落。各类定置物、区（点）应分类规定颜色标准。

5）定置实施

定置实施是定置管理工作的重点，包括以下三个步骤。

① 清除与生产无关之物。生产现场中凡与生产无关的物，都要清除干净。清除与生产无关的物品应本着"双增双节"精神，能转变利用则转变利用，不能转变利用时，可以变卖，转化为资金。

② 按定置图实施定置。车间、部门都应按照定置图的要求，将生产现场、器具等物品进行分类、搬、转、调整并予定位。定置的物要与图相符，位置要正确，摆放要整齐，贮存要有器具。可移动物，如推车、电动车等也要定置到适当位置。

③ 放置标准信息名牌。放置标准信息名牌要做到牌、物、图相符，设专人管理，不得随意挪动。要以醒目和不妨碍生产操作为原则。总之，定置实施必须做到：有图必有物，有物必有区，有区必挂牌，有牌必分类；按图定置，按类存放，账（图）物一致。

6）定置检查与考核

定置管理的一条重要原则就是持之以恒。必须建立定置管理的检查、考核制度、制定检查与考核办法，并按标准进行奖罚，以实现定置管理长期化、制度化和标准化。

定置管理的检查与考核一般分为两种情况。

一是定置后的验收检查。检查不合格的不予通过，必须重新定置，直到合格为止。

二是定期对定置管理进行检查与考核。这是需要长期进行的工作，它比定置后的验收检查工作更为复杂、更为重要。

定置考核的基本指标是定置率，它表明生产现场中必须定置的物品已经实现定置的程度。

其计算公式是：

$$定置率 = \frac{实际定置的物品个数（种数）}{定置图规定的定置物品个数（种数）} \times 100\%$$

（2）工作程序

1）准备阶段

建立定置管理工作领导小组；制订工作计划；抓好培训工作；广泛地发动和依靠群众。

2）设计阶段

现场调查，分析问题；制定定置标准；绘制定置图。

3）实施阶段（注意的问题）

① 领导始终要身先士卒，带头贯彻执行，这是开展定置管理工作的关键，群众看领导，领导有多大的信心和决心，群众就会有多大的信心和决心。
② 全面发动，依靠员工。
③ 严格按定置图进行科学定置，不走过场。
④ 自查、验收，要高标准严格要求。

4）巩固提高阶段

开展教育，加强日常检查与考核，发挥专业部门的作用，做好定置管理的深化工作。

整顿的操作工具之二：可视化管理

1. 可视化管理的操作内容

可视化管理是指整理、整顿、清扫、清洁、素养、安全活动结束后，通过人的五感（视觉、触觉、听觉、嗅觉、味觉）能够感知现场、现物的正常与异常状态的方法。可视化管理是用眼睛观察的管理，体现了主动性和有意识性。

可视化管理的原则如下。
① 视觉化。彻底标示、标识，进行色彩管理。
② 透明化。将需要看到的被遮掩的地方显露出来，情报也如此。
③ 界限化。标示管理界限，标示正常与异常的定量界限，使之一目了然。

可视化管理的范围如下。
① 人的行动。
② 厂房、办公室的状态、名字、用途、使用或联络方法。
③ 设备、装备的状态。
④ 材料及备品的良/不良、数量、位置、品名、用途。
⑤ 工（器）具的良/不良、数量、位置、品名、用途、使用方法。

⑥ 制造方法、条件的标准。
⑦ 生产的进行状态、显示看板。
⑧ 文件的保管、拿取方法。
⑨ 其他情报/管理信息。

2. 可视化管理的操作要点

（1）导入

明确管理对象；全员参与制定与讨论工作；寻求符合自身需求的做法；在试用阶段，相关人员应严格按照规定操作。

（2）建立组织

成立领导小组，由最高负责人担任组长；根据部门或业务成立各工作小组，由部门责任人担任组长；成立由技术骨干、外聘专家组成的顾问小组，主要负责解决技术难题，进行现场辅导。

（3）宣传教育

组织专家讲座、员工讨论，发布动员会；采用定点摄影的方式发现不足，暴露缺点。

（4）教育训练

课堂讲解，说明实施可视化管理的原因、作用和推进方法；分组讨论，课堂讲解后，组织员工进行讨论，找出适合本部门、本车间的可视化管理方法，以增强员工的参与感和积极性。

（5）现场辅导

辅导人员深入每个部门、车间，与员工回顾可视化管理的相关知识与实际操作程序，制订改善计划，经领导批准后执行。在计划执行过程中，辅导人员要不断与员工一起进行检讨，解决员工提出的问题，并记录改善过程。

（6）成果发表

可视化管理活动导入一段时间后，应针对活动开展情况进行总结，展示改善成果，报告心得体会。

（7）成果巩固

对于活动推进中的好方法、好措施，应形成《作业指导书》《安全操作规程》等文件，并以此为标准，用于指导和培训。

三 整顿的操作工具之三：看板管理

1. 看板管理操作内容

看板管理就是将希望管理的项目通过各种管理看板揭示出来，使管理状况众人皆知。管理看板通过各种形式（如标语、图表、电子屏等）把文件上、脑子里或现场等隐藏的信息揭示出来，以便任何人都可以及时掌握管理现状和必要的信息，从而能够快速制定并实施应对措施。

看板管理是发现问题、解决问题非常有效且直观的手段，是一流现场管理的重要组成部分。

在生产管理中使用的看板形式很多。常见的有塑料夹内装着的卡片或类似的标志牌，运送零件的小车、工位器具或存件箱上的标签，指示部件吊运场所的标签，流水生产线上标着各种颜色的小球或信号灯、电视图像等。按照看板的功能差异和应用对象的不同，可分类如下。

（1）工序看板

在一个企业内各工序之间使用的看板统称为工序看板。工序看板又分为以下几种。

• 取货看板。操作者按看板上所列数目到前道工序领取零部件。没有取货看板，不得领取零部件。

• 送货看板。由后道工序填写零部件取货需要量，当前道工序送货时，将收发清单带回，作为下次送货的依据。

• 加工看板。指示某工序加工制造规定数量的看板，一般根据机械加工、装配、运输、发货、外部订货的情况分别编制。

工序看板示意图如图3-7所示。

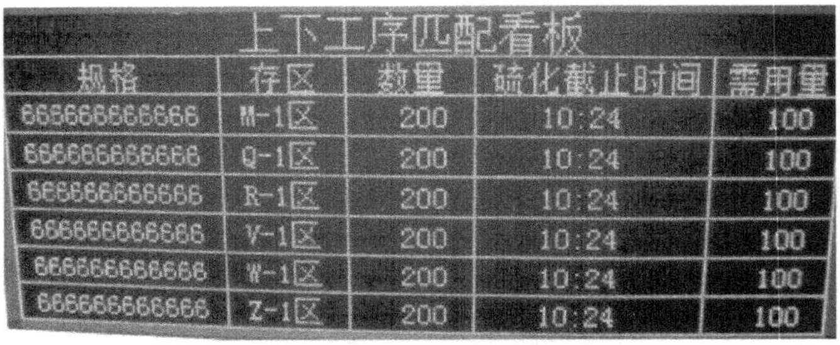
上下工序匹配看板

规格	存区	数量	硫化截止时间	需用量
666666666666	M-1区	200	10:24	100
666666666666	Q-1区	200	10:24	100
666666666666	R-1区	200	10:24	100
666666666666	V-1区	200	10:24	100
666666666666	W-1区	200	10:24	100
666666666666	Z-1区	200	10:24	100

图3-7 工序看板示意图

• 信号看板。在固定的生产线上作为生产指令的看板，一般是信号灯或不同颜色的小球等。

• 材料看板。进行批量生产时用于材料准备工作的看板。

● 特殊看板。当生产按订货顺序进行时，按每一项订货编制的看板，交货后即收回。

● 临时看板。生产中出现次品、临时任务或临时加班时用的看板，只用一次，用毕即收回。

（2）生产管理看板

生产管理看板示意图如图3-8所示。

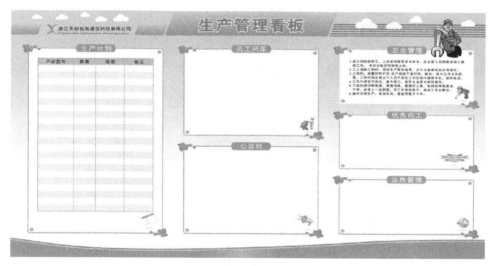

图3-8　生产管理看板示意图

生产管理看板的类型、使用目的、使用技巧具体如下。

● 指示管理看板。现场管理者并非以口头指示，而是借管理看板使作业者明了当天的作业内容或优先顺序。

指示管理看板示意图如图3-9所示。

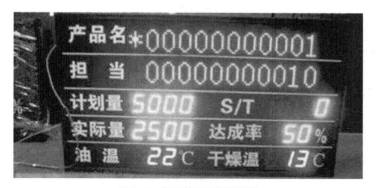

图3-9　指示管理看板示意图

使用目的。分配员工所在设备的工作。

使用技巧。对于当日的作业名与顺序加以确认,并将其当作作业指示而加以标识(原则上不变),尽可能分配时间。

- 进度管理看板。借此把握有关计划的生产进度,了解加班或交期变更的必要性。

进度管理看板示意图如图3-10所示。

图3-10　进度管理看板示意图

使用目的。把握并调整每一件及全体的延误状况,以及交期的决定。

使用技巧。集中管理制程,标示各制程的着手预定期,了解当日的状况。

- 交期管理看板。为了进行事前的追踪,以了解每次安排的交期。

交期管理看板示意图如图3-11所示。

预约管理电子看板

88年88月88日　星期8　88时88分

预约时间	车牌号码	维修类型	希望交车时间
88月88日88时	鄂A88888	机修	88月88日88时
88月88日88时	鄂A88888	机修	88月88日88时
88月88日88时	鄂A88888	机修	88月88日88时
88月88日88时	鄂A88888	机修	88月88日88时
88月88日88时	鄂A88888	机修	88月88日88时
88月88日88时	鄂A88888	机修	88月88日88时
88月88日88时	鄂A88888	机修	88月88日88时
88月88日88时	鄂A88888	机修	88月88日88时

今日预约车辆台数:88　已到店台数:88　未到店台数:88

图3-11　交期管理看板示意图

使用目的。经由交期点的管理，制定防止误期的对策。

使用技巧。能了解入库预定期的预定日与实际日；制程进行途中，标示模具、原材料、配件等交期预定日与实际日。

2. 看板管理操作要点

（1）看板制作要点

制作看板是实施看板管理的首要环节，看板设计、编制的好坏直接影响看板管理的顺序实施。一般来说，制作看板有以下要点。

① 容易识别。看板是目视管理的工具，所编制出来的看板按产品、用途、种类、存放场所，用不同的颜色或标志，使正反面都能容易看出，易于识别。

② 容易制造。实施看板管理，看板用量大，编制看板时要充分注意到制造的有关问题，使其易于制造。

③ 容易处理。所编制的看板在应用看板管理过程中，应该方便保管和管理，同时便于问题的处理。

④ 同实物相适应。在看板管理实施过程中，看板要随零部件、实物一起传送，编制的看板应采用插入或悬挂等形式，这样容易与实物相适应，方便运行。

⑤ 坚固耐用。看板在整个运行过程中，要与实物一起随现场传递、运送，因而所编制的看板应该耐油污、耐磨损，尤其是循环使用的看板，要更坚固耐用。

（2）看板整理

对现场的各类看板进行一次大盘点，确认哪些是必要的，哪些是不必要的，彻底清除那些不必要的，特别是那些随意乱张贴的看板，诸如有违者罚款、闲人免进、不得入内等内容的看板要坚决予以清除。

（3）看板整顿

整顿的内容包括看板自身大小等的标准化工作，也包括调整看板的使用场所、位置、高度等。如模具架上的看板粘贴不牢固，要掉下来了，这就需要进行整顿。不过，用不干胶或者胶纸会带来后遗症，因而应研究更好的固定方法。

用不干胶或者透明胶纸可以简单地固定揭示物，但是一旦贴上，过了一段时间，要揭下来则不容易，即使揭下来了，也会留下痕迹，使墙面、台面或机器设备表面不平整。

（4）看板的清扫、清洁

看板的清扫、清洁工作有两个方面的内容。一方面，要制定出企业统一的关于看板制作和展示的标准，以便各部门长期坚持。看板还要符合企业形象识别系统（CIS）

的有关要求。另一方面，明确看板的管理责任人，由责任人对看板的内容、状态等进行维护，保证看板展现出良好的状态，发挥其积极作用。

某公司的看板管理

某公司在6S管理的推行过程中，发现调试车间返修班和冷作现场这两个"重灾区"的6S管理基础比较薄弱，于是决定从这里开始进行现场整改。经过一段时间的督促与整治，调试车间返修班呆料摆放混乱的状况得到了改善，但冷作现场的整改效果更为显著。在整改中，该公司对冷作现场的陈旧车间看板进行了彻底整治，重新制作了看板，并规范了其内容。整改后的看板内容包括质量文化、6S管理知识、技术操作流程和企业文化等，具备指导性和可操作性。另外，该公司还统一制作了冷作焊接平台围板，将所有工装统一涂装，重新规划班组区域、物料存放和临时占道区的标识，并落实空调、电控柜、工具箱的责任人。焕然一新的工作平台、整齐有序的呆料存放区、简单明了的操作标准，该公司调试车间的新面貌令人眼前一亮。

 整顿的操作工具之四：目视管理

1. 目视管理操作内容

（1）操作内容

目视管理是利用形象、直观、色彩适宜的各种视觉感知信息来组织设计、生产、修理现场的活动，以达到提高设计、生产、修理效率的一种管理模式。简单地讲，就是"视觉器官"管理，它是以视觉信号为基本手段，以公开化为基本原则，尽可能将管理者的要求让大家能看到并明白其意图，借以推动自我管理、自我控制。目视管理是一种公开化和以视觉显示为特征的管理方式。

目视管理的内容如下。

① 规章制度与工作标准的公开化。为了维护统一的组织和严格的纪律，保持大工业生产所要求的连续性、比例性和节奏性，提高劳动生产率，实现安全生产和文明生产，凡是与现场工人密切相关的规章制度、标准、定额等，都需要公布于众；与岗位工人直接有关的，应分别展示在岗位上，如岗位责任制、操作程序图、工艺卡片等，并要始终保持完整、正确和洁净。

② 生产任务与完成情况的图表化。现场是协作劳动的场所，因此，凡是需要大家

共同完成的任务都应公布于众。计划指标要定期层层分解，落实到车间、班组和个人，并列表张贴在墙上；实际完成情况也要相应地按期公布，并用作图法，让大家看出各项计划指标完成过程中出现的问题和发展的趋势，以促使集体和个人都能按质、按量、按期完成各自的任务。

③ 与定置管理相结合，实现视觉显示信息的标准化。因此，目视管理便自然而然地与定置管理融为一体，按定置管理的要求，采用清晰的、标准化的信息显示符号，对各种区域、通道，各种辅助工具（如料架、工具箱、工位器具、生活柜等）均应运用标准颜色，不得任意涂抹。

④ 生产作业控制手段的形象直观与使用方便化。为了有效地进行生产作业控制，使每个生产环节、每道工序都能严格按照数量标准进行生产，杜绝过量生产、过量储备，要采用与现场工作状况相适应的、简便实用的信息传导信号，以便在后道工序发生故障或由于其他原因停止生产，不需要前道工序供应在制品时，操作人员看到信号，能及时停止投入。例如，"看板"就是一种能起到这种作用的信息传导手段。各生产环节和工种之间的联络，也要设立方便实用的信息传导信号，以尽量减少工时损失，提高生产的连续性。生产作业控制除了数量控制外，还要有质量和成本控制，也要实行目视管理。例如，质量控制，在各质量管理点（控制），要有质量控制图，以便清楚地显示质量波动情况，及时发现异常，及时处理。车间要利用板报形式，将"不良品统计日报"公布于众，当天出现的废品要陈列在展示台上，由有关人员会诊分析，确定改进措施，防止再度发生此种情况。

⑤ 物品的码放和运送的数量标准。物品码放和运送实行标准化，可以充分发挥目视管理的长处。例如，各种物品实行"五五码放"，各类工位器具，包括箱、盒、盘、小车等，均应按规定的标准数量盛装，这样操作、搬运和检验人员点数时既方便又准确。

⑥ 现场人员着装的统一化与实行挂牌制度。现场人员的着装不仅起劳动保护的作用，在机器生产条件下，也是正规化、标准化的内容之一。它不仅可以体现职工队伍的优良素养，显示企业内部不同单位、工种和职务之间的区别，而且还具有一定的心理作用，使人产生归属感、荣誉感、责任心等，对于组织指挥生产，也可创造一定的方便条件。挂牌制度包括单位挂牌和个人佩戴标志。按照企业内部各种检查评比制度，将那些与实现企业战略任务和目标有重要关系的考评项目的结果，以形象、直观的方式给单位挂牌，能够激励先进单位更上一层楼，鞭策后进单位奋起直追。个人佩戴标志，如胸章、胸标、臂章等，其作用同着装的作用类似。另外，它还可以同考评相结合，给人以压力和动力，达到催人进取、推动工作的目的。

⑦ 色彩的标准化管理。色彩是现场管理中常用的一种视觉信号，目视管理要求科学、合理、巧妙地运用色彩，并实现统一的标准化管理，不允许随意涂抹。这是因为色彩的运用受多种因素的制约。

第一，技术因素。不同色彩有不同的物理指标，如波长、反射系数等。强光照射的设备，多涂成蓝灰色，是因为其反射系数适度，不会过分刺激眼睛。危险信号多用红色，这既是传统习惯，也是因其穿透力强，信号鲜明的缘故。

第二，生理和心理因素。不同色彩会给人以不同的重量感、空间感、冷暖感、软硬感、清洁感等情感效应。例如，高温车间的涂色应以浅蓝、蓝绿、白色等冷色为基调，可给人以清爽之感；低温车间则适宜用红、橙、黄等暖色为基调，使人感觉温暖。热处理设备多用属冷色的铅灰色，能起到降低"心理温度"的作用。家具厂整天看到的是属暖色的木质颜色，木料加工设备则宜涂浅绿色，可缓解操作者被暖色包围所涌起的烦躁之感。从生理角度看，人长时间受一种或几种杂乱的颜色刺激，会产生视觉疲劳感，因此，就要讲究工人休息室的色彩，如纺织工人的休息室宜用暖色，冶炼工人的休息室宜用冷色。这样，有利于消除职业疲劳感。

第三，社会因素。不同国家、地区和民族，都有不同的色彩偏好。例如，我国人民普遍喜欢绿色，认为它是生命、青春的象征，而日本人则认为绿色是不吉祥的。

目视管理的适用范围十分广泛，构成工厂的全部要素都可以作为其管理的对象，如服务、产品、半成品、原材料、配件、零件，以及各种工装、工艺、夹具、设备等。

（2）目视管理分类、分级

在现场，目视管理可以分为五大类。

① 物品管理。
② 设计、生产管理。
③ 设备管理。
④ 质量管理。
⑤ 安全管理。

目视管理细致分类可以分为质量异常、交期异常、库存异常、设备异常、模具异常、生产延迟异常、作业时间延迟异常、标准作业不遵守异常、消耗品使用异常、投料错误异常、管理图正确性异常、搬运异常、库存多异常、人员配置异常等。

一般将目视管理分为四级，具体如下。

① 无水准。合格品与不合格品混放，质量、数量不清，缺乏管理。
② 初级水准。整理结果将不合格品清除，把留下的合格品保存。
③ 中级水准。经过初步整理、整顿，将不合格品进行标识，使合格品处于数好点、量好管、一目了然的状态。
④ 高级水准。应用目视管理，分级标识出合格品管理的安全性、库存量、运走量、余量，做到一目了然。

2. 目视管理操作要点

（1）操作工具

目视管理的常用工具有红牌、看板、信号灯、操作流程图、区域线、管理板、公示板、警戒线、错误演示板、错误防止板。

在目视管理中，标牌配颜色是最常用的方法，标牌加上不同的颜色会给人不同的重视感、空间感、冷暖感、软硬感、清洁感等情感效应。

合理的颜色配置对人的工作影响极大。

（2）操作类别

1）计量间、仓库目视管理

① 一看就知道所需要的物品在哪里。
② 即使是新人走进来一看也能了解。
③ 做好先进先出、先拆后装的标记。
④ 物品是否定位放置，一看就明白。
⑤ 物品是否太多、太乱，一看就马上改。
⑥ 入库物品的数量及质量。
⑦ 目视大容器的容量是否合适。
⑧ 目视掌握呆滞物料在哪里。
⑨ 物品的责任人是谁。
⑩ 帮助拿出、拿进不出错。
⑪ 哪个车间需要什么。
⑫ 减少寻找、搬运工具的时间。
⑬ 储存管理。
⑭ 状态管理。
⑮ 盘点管理。

2）模具、工装、夹具目视管理

① 如何减轻工具遗失的概率。
② 套上防护服以便识别身份。
③ 规划好切削刀具的放置位置。
④ 保护好模具质量，建立适宜的存放环境。
⑤ 建立模具履历表，掌握各种器具的现状。

3）装备、设备目视管理

① 全员都能了解装备、设备的工作状态、技术状态、负荷情况。
② 装备、设备日常保养要落实，三级保养看颜色。
③ 加强对装备、设备的管理力度，避免加错油。
④ 装备、设备识别，如名称、型号、管理编号、使用说明。

4）设计、生产、采购、外包目视管理

① 有效掌握设计、生产进度、生产现场的异常管理。
② 避免缺货少料现象发生。

③ 有效掌握外包加工状态。
④ 取货、送货、加工、材料、外协件及工序看板管理。
⑤ 定位管理，如区域、可移动物品，做好信息管理。

5）设计、生产质量目视管理

① 产品设计、生产质量，用红牌作战、定点摄影等手段。
② 产品设计、生产质量，用定量管理、定位、定品等方法来减少差错。
③ 产品质量，用待检、已检、合格、不合格区分。
④ 产品设计、生产质量，用自检、互检、专检标识控制。

6）工具目视管理

① 从远处看也能明确。
② 管理的物品要有标识。
③ 好坏谁都能明确指出来。
④ 谁都能使用，使用起来方便。
⑤ 谁都能维护，立即可以修好。
⑥ 使用工具易拿、易放。

7）安全目视管理

① 用红色表示警告、禁止、停止及有危险的物品。
② 用黄色表示要特别注意的器件、设备、环境。
③ 用绿色表示通行、提供信息及安全。
④ 用蓝色表示指示、必须遵守纪律及规定。
⑤ 用紫色表示含有放射性元素。

整顿的操作工具之五：识别管理

1. 识别管理操作内容

识别管理就是对企业内部的各项事务进行标准化、制度化的管理，是目视管理中的一种管理方法。进行识别管理，以便更有效地对企业内部进行管理，包括人员、工种、员工熟练程度、机器设备、职务、作业产品和环境等各个方面的识别。通过对各种事务进行规范化、标准化的管理，达到事半功倍的效果，减少人员和设备的浪费，有效地利用时间，为企业创造更大的效益。

2. 识别管理操作要点

识别管理的范围包括人员识别、物料识别、设备识别、作业识别、环境识别等。

（1）人员识别

企业规模越大，越需要进行人员识别，以便工作开展。生产现场中有工种识别、职务识别及识别项目等几种类型，一般通过衣帽颜色、肩章、襟章及醒目的标识牌来区分。

① 识别项目。人员识别项目包括内部职员与外部人员的识别、新人与老人（熟练工与非熟练工）的识别、职务与资格的识别、不同职位（工种）的识别。

② 工种识别。例如，白色衣服为办公室人员，蓝色衣服为生产员工，红色衣服为维修人员。

③ 职务识别。例如，无肩章为普通员工，一杠为组长，二杠为班长，三杠为主管，四杠为部门经理。

另外，也可用胸章、袖章、肩章、厂牌来识别。如取得焊锡、黏接、仪器校正等特殊技能资格认证的职员，要佩戴相应的"认证章"，厂牌上粘贴本人的相片，并设定不同的人事编号，必要时加注部门、职务或资格认证等。

（2）物料识别

生产现场中最容易出差错的项目之一就是物料识别管理，如良品与不良品相互混淆、误用其他材料、数量不对……每一项都和识别欠佳有关。所以，一定要做好识别管理工作。

① 物料识别项目。物料识别项目包括品名、编号、数量、来历、状态的识别，良品与不良品的识别，保管条件的识别。

② 识别方法。识别方法如下所示。

方法一：在外包装或实物本身，用文字或带有颜色的标贴纸来识别。如不良品可贴上标贴纸，写上"不可使用"等字样，必要时用带箭头的标贴纸注明不良之处。

方法二：在托载工具上标识。如指定红色的箱子、托盒、托架、台车等只能装载不良品，不能装载良品，而绿色、黑色的才能装载良品。

方法三：在材料的"合格证"上做标记或注明。将变更、追加的信息，添加在"合格证"上。若材料是从供应商处购入，可要求供应商发行该卡；若为本企业制造，则要从第一道工序发行该卡。

方法四：将"移动管理卡"添加在实物上，以示识别。为了防止混淆，如试做品等，在材料的外包装箱上添加"移动管理卡"。仓库必须严格执行"先进先出"的原则，同时要一起将"移动管理卡"出具给制造部门或交由技术部门鉴定。

方法五：分区摆放。物料管理最有效的识别方法就是分区摆放并加上明显的标识。不同材料摆放在同一货架上时，也要对货架进行适当区分。

（3）设备识别

1）识别项目

识别项目包括名称、管理编号、精度校正、操作人员、维护人员、运作状况、设备位置、安全逃生、生命急救装置、操作流程示意图。

2）识别方法

① 画出大型设备的具体位置。

② 在显眼处悬挂或粘贴标牌、标贴。有时，几个部门共同管理一台设备，因此最好统一设计一个编号。

如果判定某台设备运作异常，需要悬挂显眼标牌示意，必要时可在该标牌上附上判定人员的签名以及判定日期等内容，然后从现场撤离，这样其他人才不会误用。

纸质标贴使用时间久了，容易发黄、发黑，最好做过塑处理或用胶质贴纸。

③ 规划专用场地，并设警告提示。对粉尘、湿度、静电、噪声、震动、光线等环境有特殊要求的设备，可设置专用场地，必要时用透明胶围起来，并做上醒目的警告标识。

④ 设置颜色鲜艳的隔离装置。对只凭警告标识还不足以阻止危险发生的地方，最好的办法就是将其隔离开来，若无法隔离，应设有紧急停止装置，保证任何情况下的人身安全。

⑤ 声音、灯光提示。正常作业情况下亮绿灯；异常情况下亮红灯，并伴有鸣叫声。

⑥ 痕迹留底识别。精密设备一旦设定最佳运作位置之后就不宜改变，可是最佳位置在哪里呢？有时修理人员拆卸以后，无法将原件迅速、准确复位，这样设备运作反而不顺畅，不得不反复调整。所以，最好的办法就是将痕迹留底。

（4）作业识别

1）识别内容

① 作业识别、作业结果。

② 生产布局、工艺流程、质量重点控制项目。

③ 个体作业指示、特别注意事项等。

④ 作业有效日期、实施人。

2）识别方法

① 用文字、图片、样品等可辨识工具来识别。

② 颜色识别。实际指导作业人员，最好由管理人员作业时出示样品并言传身教。为了防止作业人员犯同样的错误，管理人员可以将作业要点摘出，并用彩笔画出来，挂在作业人员最容易看到的位置上。

若是流水线生产方式，只需在第一道工序识别生产内容即可；若为单工序作业，则需要识别作业内容。同时，识别方法要显眼，要方便自己和他人查看。

（5）环境识别

从进厂门开始到生产现场，再到各个部门，都要有完整的厂区平面布局示意图、现场布局示意图，这不仅可以帮助新员工早日熟悉情况，而且可以加深客户对企业的了解，对增强企业形象具有重要的意义。

1）识别内容

① 厂区平面分布。如建筑物、通道、外运车辆、停车场、禁烟区等。
② 建筑物内部各部门所在的位置。
③ 各种通信、动力电线、水管、气管、油管等。
④ 各种电、气、水的控制开关。
⑤ 各种文件、阅读物。

2）识别方法

颜色识别。如作业区刷成绿色，通道用黄色线隔离，消防水管刷成红色等。

注意：不论用什么颜色的油漆刷，都要定期重刷，否则油漆脱落之后，视觉效果比不刷更差。

标牌识别。可直接在车间进出门上钉上标牌或编号，禁烟区可悬挂禁烟标识。

六 整顿的操作工具之六：标识行动

1. 标识行动操作内容

标识行动就是明确标示出所需要的东西放在哪里（场所）、什么东西（名称）、有多少（数量）等，让任何人一目了然的一种整顿方法。

标识的主要对象是库存物品和机器设备。在工厂中要贴标识的东西很多，但不能胡乱地给所有的物品都贴上标识，使全场每个角落都贴满小标识。当所做的标识没有起到作用时，就不要随意标示。但如果涉及需要规整的物品，一定要做标识。

2. 标识行动操作要点

（1）合理标识规划

1）位置的命名和标识

位置，就是各种物品的摆放场所或者是生产场所的所在地址。特别是在工厂，为了明确表示物品的摆放场所，须对场所进行命名或位置设定。

设定位置或对位置进行命名的时候，应注意以下要点。

要点一：任何人都能够识别、理解，做到一目了然。

要点二：有一贯性，不随意改变命名规则。

要点三：有扩张性，必要时可以增减。

要点四：明确地面位置、架子位置。
要点五：设定通道名称。

2）物品的标识

① 物品标识的目的。在生产现场，物品种类繁多，对物品实施标识，一般需要达到以下目的。

● 看了能够立即明白物品是什么，即在实物上进行标识，具体指出物品名称、使用时间、作业场所、现有状态（有用物品、无用物品、良品、不良品等）。

● 物品可以立即取出，使用后能正确放回原位，不会忘记也不会放错，即使忘记或者放错了，也能很容易辨别出来。

② 物品标识的规则。根据物品的不同类别，需要遵循不同的分类规则进行分类标识管理，其规则如下所示。

规则一：有用物品和无用物品。
规则二：消耗品和固定资产。
规则三：长期保存的物品（如法定要求长期保存的账票等）和非长期保存的物品。
规则四：良品和不良品。
规则五：反复使用的物品和非反复使用的物品。
规则六：专用物品和通道物品等。

（2）操作步骤

1）确定放置区域

红牌作战结束后，物品变少了，场地变宽敞了，这就需要对一些产品的生产工艺进行相应的改进，对现有的机器设备进行重新调整，对物品的放置区域进行重新规划等，而且要将必需的物品合理地布置在新的区域。

此时，要把使用频率高的物品尽量放置在离工作现场较近的地方或操作人员视线范围内；使用频率低的物品放置在离工作现场较远的地方。另外，把易于搬动的物品放在货架上方大约在操作人员的肩部到腰部之间的高度的位置，重的物品放置在货架下方，不常用的物品和小的物品放在货架的上方。

2）整顿放置区域

确定了放置区域后，接下来就是把经过整理后必需的物品，放置到规定的区域和位置，或摆放在货架上、箱子里和容器内。在摆放过程中，注意不要将物品重叠地堆放在一起。

3）位置标识

当人们问"把物品放在哪里"或者"物品在哪里"时，这个"哪里"可用"位置标识"或者"区域编号"来表达。如某物品在C区，某物品在成品区等。

位置的标识方法主要有两种。

① 垂吊式标志牌。垂吊式标志牌适用于大型仓库的分类片区、钢架或框架结构的建筑物，标志牌吊挂在天花板或者横梁下。

② 门牌式标志牌。这种标志牌适用于货架、柜子等的位置标识。货架或柜子的位置标识包括表示所在位置的地点标识、横向位置的标识和纵向位置的标识。需要注意的是，纵向位置的标识要从上到下用1、2、3等来表示。此外，表示货架或柜子所在位置的牌子应该与架子或柜子的侧面垂直，这样站在通道上就可以看到牌子上所标识的内容。如果张贴在货架的端面，那么只有走到牌子跟前才能看清，这样效果就会大打折扣。

4）品种标识

一个仓库里往往放有很多不同的物品，即便是物品的品种相同，规格也是各有不同。如何在位置区域确定之后就进行区分呢？这就要进行品种标识。品种标识分为物品分类标识和物品名称标识两种，具体如下所示。

物品分类标识。按货架上放置物品的类别来进行标识，如轴承类、螺钉类、办公用品类等。标志牌可贴（挂）在货架的端面或放在货架的上方。

物品名称标识。物品的名称标识可贴在放置物品的容器上。对一些放置在区域内的大宗物品，可采用立式移动标识牌进行标识。

5）数量标识

如果不规定库存的数量，就会使库存数量不断增加，造成物品积压，影响资金周转。限制库存最好的办法就是根据生产计划来采购物品，留有合理的库存。合理的库存可通过颜色整顿的方法来进行：用红色表示最大库存量，绿色为订货库存量，黄色为最小库存量，等等。当到达绿线时，仓管员立即通知采购下一单货物，这样就一目了然了。

6）设备标识

现代工业生产离不开设备，因此，设备运转好坏，直接影响生产的正常运行和企业的经济效益。设备标识是设备管理的有效方法之一，其标识的对象和方法主要有设备名称标识、液体类别标识、给油缸液面标识、点检部位标识、旋转方向标识、压力表正常/异常标识、流向标识、阀门开闭标识、温度标识、点检线路标识、使用状态标识等。

（3）标识统一

机器、物品的标识其实就是一张小看板，表面上感觉很简单，其实标识也非常讲究。因为工厂需要标示的物品、机器实在太多，如果标识没有统一的标准，时间长了会让人心烦意乱。一定要在一开始就做好标识的统一规定，不要等做完了以后发现问题再重新来做，这样会浪费很多的时间和金钱。

① 标识的材料。标识会随着时间的变化而发生氧化或变化，字迹、颜色和粘贴用的胶水等也会渐渐脱落，有时还会因某种原因在一个地方标识多次。所以，要针对场所、位置、物品等选用不同的材料，使其恒久和容易维护。标识常用材料如表3-1所示。

表3-1 标识常用材料表

类别	适用位置	效用	维护方法
纸类	普通物品，人或物碰触机会少的地方	比较容易标识和方便随时标示	在纸张上裹一层胶，防止因碰触或清洁造成损坏
塑胶	场所区域的标识	防潮、防水，易清洁	阳光的照射会使胶质硬化、脆化、变色，尽量避免阳光照射
油漆	机械设备、危险警告和一些"小心有电"的位置等	不容易脱落，时刻保持提醒作用且易清洁	定期翻新保养
其他	用于一些化学物品和防火物（如逃离火警的方向指示牌等）	防火、防腐蚀物	保持清洁

② 标识的规格。标识的规格能直接影响到整体美观，如在两个大小一样的货架上，货架A的标识很大，货架B的标识很小，让人看了会很不舒服。

③ 标识的字体。标识的文字最好是打印出来的，不要手写，这样不但容易统一字体和字号大小，而且比较标准和美观。

④ 标识的粘贴。标识必须粘贴好，特别是一些含有"危险""警告"等字样的标识，并且要经常检查是否有脱落现象，有时可能会因某张标识的脱落而导致严重的事故。

⑤ 标识的颜色。标识的颜色要使用恰当，否则很容易造成误会，颜色要比文字来得醒目，不需要看清文字便知大概意思，所以颜色也必须统一。

⑥ 标识的用词。标识的用词也需要予以规定，对于一些如"临时摆放"的标识，必须规定该标识的使用时间，有些员工将"临时摆放"标识一贴就是一个月。再如，一些"杂物柜"的标识，字面意思的范围太广，意思是什么东西都可以往里扔，这样就成了所有不要物品的"避风港"了。所以，要想办法控制这些标识的使用。

某公司标志牌的制作标准

区域	标牌标准
生产线名称标志牌	垂直于主通道吊设灯箱，规格：1200毫米×600毫米×200毫米；版面内容：上半部分为公司标识（字体：红色）和车间、班组代号（字体：黑体），下半部分为生产线名称（中英文），红底白字（字体：黑体），双面显示，上下部比例为2：3

续表

区域			标牌标准
待检区	待判区	蓝色标志牌	所有标志牌规格均为300毫米×210毫米×1.5毫米，漆成相应颜色，落地放置，标志牌上字体一律用白色（待判区除外，用黑色），字体：黑体
		白色标志牌	
	良品区	绿色标志牌	
检验区	不良品区、返修区	黄色标志牌	所有标志牌规格均为300毫米×210毫米×1.5毫米，漆成相应的颜色，落地放置，标志牌上字体一律用白色（待判区除外，用黑色），字体：黑体
	废品区	红色标志牌	
工序（工位）标志牌			规格：400毫米×180毫米×1.5毫米；材料：金属或塑料；版面：蓝色白字，悬挂放置
设备状态标志牌			规格：200毫米×150毫米×1.5毫米；材料：铝塑或泡沫；版面内容：上半部分为"设备状态标志"名称，蓝底白字，下半部分为圆，直径为130毫米，内容为正常运行（绿色）、停机保养（蓝色）、故障维修（红色）、停用设备（黄色）、封存设备（橙色），指针为铝制材料
消防器材目视板标志牌			规格：300毫米×180毫米×1.5毫米；材料：铝塑或泡沫；版面内容：上半部分为公司标志、消防器目视板、编号字样，下半部分有型号、数量、责任人、检查人字样和140毫米×100毫米×1.5毫米透明有机板
关键工序标志牌			规格：400毫米×300毫米×1.5毫米；材料：铝塑或泡沫；版面内容：上部为"关键工序名称"字样，中部为"关键工序编号"字样，下部为"关键工序"字样，黄底蓝字，字体：黑体
警示标志牌	小心叉车（在通道拐弯处）、限高、禁止攀越等警示牌		规格：600毫米×300毫米×1.5毫米；材料：金属或塑料；版面内容：白底蓝字、蓝图案，悬挂放置
	出口、安全出口标志牌		规格：600毫米×300毫米×1.5毫米；材料：白塑料板；版面内容：白底绿字、绿图案，悬挂放置
	广角镜（广视镜）		在通道转弯处，悬挂不锈钢半球，球半径为1500毫米
穿戴劳保用品、防护用具等标志牌			规格：300毫米×300毫米×1.5毫米；材料：铁板；版面内容：白底蓝图案，悬挂放置
立柱标志牌			字符标高4米，四面涂刷，上部字母高300毫米，下部数字高300毫米，蓝色，字体：黑色
办公室及库房标志牌			规格：300毫米×80毫米×1.5毫米；材料：金属或铝塑；版面内容：上部为公司标志和部门名称，下部为科室或库房名称，悬挂放置于门的右上侧

Chapter Four

第四章

清扫的操作工具

一 清扫的操作工具之一：防呆法

1. 防呆法操作内容

（1）防呆内容

防呆法就是防止呆笨的人做错事，亦即连愚笨的人想要做错也不可能。最常见的就是电脑后面各类插头的设计，确保你不懂，但只要插得进去，就是正确的。防呆法的另一个说法是防错，是本质安全中一种典型的原则与工具。

① 具有即使有人为疏忽也不会发生错误的构造——不需要注意力。

② 具有外行人来做也不会错的构造——不需要经验与直觉。

③ 具有不管是谁或在何时工作都不会出差错的构造——不需要专门知识与高度的技能。

（2）防呆原则

在进行防呆法时，有四个原则可供参考。

① 使作业的动作轻松。难于观察、难拿、难动等作业因变得难做、变得易疲劳而发生失误。区分颜色使得容易看，或放大标识，或加上把手使得容易拿，或使用搬运器具使动作轻松。

② 使作业不要技能与直觉。需要高度技能与直觉的作业，容易发生失误。考虑治具及工具，进行机械化，使新进人员或支持人员也能不出错地作业。

③ 使作业不会有危险。因不安全或不安定而给人或产品带来危险时，加以改善使之不会有危险。马虎行之或勉强行之易发生危险，因此要设法装设无法马虎或无法勉强的装置。

④ 使作业不依赖感官。依赖像眼睛、耳朵、手等感官进行作业时，容易发生错误。制作治具或使之机械化，减少用人的感官来判断的作业。如果一定要依赖感官进行操作的作业，譬如当信号灯一变红即同时有声音出现，设法使之能做二重、三重的判断。

（3）防呆法的基本原理

① 排除化。剔除会造成错误的原因。

② 替代化。利用更确实的方法来代替。

③ 容易化。使作业变得更容易、更合适、更独特，或共同性以减少失败。

④ 异常检查。虽然已经有不良或错误现象，但在下一过程中，能将之检出，以减少或剔除其危害性。

⑤ 缓和影响。作业失败的影响在其波及的过程中，用方法使其缓和或吸收。

2. 防呆法操作要点

（1）发现人为疏忽

发生何种人为疏忽，需要搜集数据进行调查，判断自己的工作在哪里出现了问题。平常即搜集像异材混入、表示失误、数量不足、零件遗忘、记录错误等数据，加以整理即可发现问题点。调查工程检查结果、产品检查结果等数据，掌握发生了何种问题。

（2）设定目标，制订实施计划书

目标尽可能用数字表示。计划书是表明什么时候由什么人做什么事、如何做。

（3）调查人为疏忽的原因

尽可能广泛地搜集情报和数据，设法找出人为疏忽的真正原因。

（4）提出防错法的改善方案

若掌握了原因，则提出创意将其消除。提出创意的技法有脑力激荡法、查核表法、5W1H法、亲和图法（KJ分析法）等。

（5）实施改善方案

实施改善的方案包括三种：只在自己部门独立进行改善；与其他部门协同进行改善；依赖其他部门进行改善。

（6）确认活动成果

活动后，必须查核能否按照目标获得成果。

（7）维持管制状态

防呆法是任何人都能使作业不出差错的一种构造。不断地注意改善状况，若发生新问题时要能马上处理，贯彻日常的管理是非常重要的事情。

某电子企业的防呆防错项目实施

一家电子产品企业的注塑及冲压等工序设备的速度非常快，达到5000个/小时，而且作业人员需操作多台设备，该企业经常产生批量不良，为了降低质量成本，该企业决定实施人机自动化防呆防错项目。

该公司设备部门改进了这些设备。如当产品的尺寸、位置、设备参数等不符合标准时，该设备黄色灯亮并发出警报，操作人员会立刻到现场进行检查，判断是否需要呼叫设备维修／质量人员到现场解决问题。

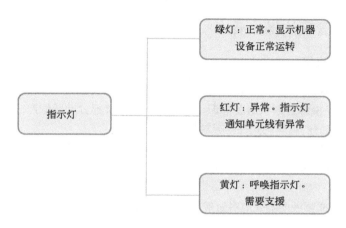

正常指示灯：单元生产线生产运转正常时，绿色灯亮。
异常指示灯：异常发生、不良发生、机器故障、欠料、工作切换时，红色灯亮。
呼叫指示灯：叫出负责人（组长、维修人员）并寻求其支援时，黄色灯亮。
实施后效益如下。
① 批量不良为0。
② 设备维修效率提升。实施后，从设备停机到复机的时间比以前缩短了60%。
③ 人均效率得到提升。以前员工每天都需花比较多的时间报告异常，等待处理，自动化以后将员工从烦琐的工作中解脱出来，能够操作更多的设备。
④ 现场管理人员能从以前大量的异常解决工作中解脱出来，从事更多的改善事项。

 ## 清扫的操作工具之二：形迹管理法

1. 形迹管理法操作内容

形迹管理是6S管理活动中的一种管理方法，是指将物品的投影形状在保管器具或墙上描画出来，按其投影之形状绘图或采用嵌入凹模等方法进行定位标识，使其易于取用和归位的一种管理方法。例如，将灭火器、烟灰缸、垃圾箱、茶杯、扫把等物品，在地面上、墙壁上、桌上等地方按其投影之形状绘图，使其使用后易于归位；工具、夹具等可依使用状况，在机器设备旁、墙壁上按其投影之形状绘图，使其易于取用和归位。形迹管理法的目的是减少寻找时间，加强物品管理，提高工作效率。

实施形迹管理的材料和载体的内容如下。
① 实施形迹管理的材料：广告纸、橡胶（或硅胶）台垫、海绵、泡沫等。
② 实施形迹管理的载体：工具箱、工具车、工具（零件）柜或工具（零件）架等。

2. 形迹管理法操作要点

（1）操作方法

方法1：在存放物品的载体上，规划好各物品的放置位置后，使用广告纸或油画布等材料，按物品投影之形状绘图标识，然后将投影形状部分用壁纸刀或其他工具裁切下来，再将裁切好的材料粘贴在待存放物品的载体上。

方法2：采用嵌入凹模的方法，使工具、零部件等物品易于取用和归位。如没有可用的现成凹模，可以自己动手，利用海绵、泡沫或厚质的台垫，刻画出物品形状后，镂空处理即可。

方法3：做成看板展示式或多层推拉式的展示板。看板展示式的展示板，所有的工具、零件都有固定的位置和标识，采用形迹管理的方式进行管理，查找起来非常方便。

（2）实施技巧

企业到底该如何开展形迹管理，有什么具体的技巧呢？在此提出了三种主要的形迹管理的具体操作方法。

1）图示法

形迹管理的图示法如图4-1所示。将工具的形状画到存放工具的载体上，当将工具取走时，露出工具的截面图形，归还时很容易找到其位置。

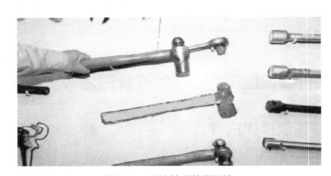

图4-1　形迹管理的图示法

2）嵌入法

形迹管理的嵌入法如图4-2所示。将工具嵌入模板中，既能起到固定的作用，方便存取，同时也能知道工具是否存在缺失。

图4-2 形迹管理的嵌入法

3）集中展示法

形迹管理的集中展示法如图4-3所示。办公用品或者工具集中放置，可以让大家共用，减少寻找时间，减少购买数量，及时归还，方便管理。

图4-3 形迹管理的集中展示法

 清扫的操作工具之三：色别管理

1. 色别管理操作内容

色别管理在现场6S管理中有着非常重要的意义。颜色能让现场变得更加整洁规范，在现场能够更加有条不紊地进行操作。

2. 色别管理操作要点

走进车间，会看到许多颜色。实施工厂现场改善，就涉及色彩的应用。了解色彩的知识，对工厂现场改善、可视化管理、产品外观设计等均有重要意义。

多彩的车间现场如图4-4、图4-5所示。

图4-4 多彩的车间现场（一）

图4-5 多彩的车间现场（二）

车间现场，建筑物及各项设施的颜色直接影响着安全生产，影响着员工的心理感受。色彩设计应使操作者心情愉快，增强安全意识，不易产生疲劳感，这样才能达到操作准确、提高工作效率的目的。

色彩能使人们产生大小、轻重、冷暖、明暗、远近等感觉，能让人们产生兴奋、紧张、安全、烦躁、忧虑等心理，能影响人们的情绪、工作效率。色彩运用得当，能提高工作中的效率和满意度。

车间颜色应用示例如图4-6～图4-9所示。

图4-6 车间红色应用示例

图4-7　车间橙色应用示例

图4-8　车间黄色应用示例

图4-9　车间绿色应用示例

安全标识图如图4-10所示。

禁止标记	警告标记	指令标记	指示标记
● 禁止吸烟	● 注意安全	● 必须戴防护眼镜	● 紧急出口
● 禁止堆放	● 当心中毒	● 必须戴防护手套	● 闭险处

图4-10　安全标识图

车间色彩应用图如图4-11～图4-12所示。

图4-11 车间色彩应用图（一）

图4-12 车间色彩应用图（二）

工业管道与识别色如表4-1所示。

表4-1 工业管道与识别色

物质种类	基本识别色	色样	颜色标准编号
水	艳绿		G03
水蒸气	大红		R03
空气	淡灰		B03
气体	中黄		Y07
酸或碱	紫		P02
可燃液体	棕		YR05
其他液体	黑		
氧	淡蓝		PB06

四 清扫的操作工具之四：洗澡活动

1. 洗澡活动操作内容

洗澡活动是在清扫初期对现场进行的一次彻底的大清扫，全体员工对生产现场和岗位工作环境进行大扫除，对一些年久失修的地面、墙壁、门窗、天花板、柜架、设备设施等进行清洗、维修，使之焕然一新。洗澡活动能提升全员的积极性，培养全员发现问题的能力及思想。

洗澡活动的内容主要包括修缮缝补、彻底清扫、污染源彻底治理三个方面。

（1）修缮缝补

在洗澡活动中，对于一些土建缺陷（如墙皮屋顶脱落、门窗脱开、玻璃损坏），以及设备表面缺陷（如油漆斑驳、外壳破损等问题），在清扫的同时，还要进行修缮处理，使其恢复原状。

（2）彻底清扫

洗澡活动中的清扫工作必须彻底进行，目的是清除平时没发现或清扫不彻底的设备死角的积油、积垢、积灰，恢复设备本色。对长期存在的油污、锈迹，应先清理干净再进行刷漆。洗澡活动中，应清点检查的部位包括设备容易漏气、漏水的部位，以及设备的旋转、连接、操作部分。

（3）污染源彻底治理

发电厂常见的污染源有灰尘、粉尘、烟尘、污水、噪声等，污染对设备和人身都有很大伤害，容易导致设备故障，缩短设备使用寿命，甚至影响员工的健康。要从根本上杜绝污染，必须及时发现污染源，并处理解决。

1）污染源的检查

① 重点检查油管、气管、汽管、水管的连接处。
② 检查设备各部有无磨损，振动值是否在规定值范围内。
③ 检查设备轴承温度、电动机温度有无异常。
④ 检查操作部分、旋转部分、螺丝连接部分、动静部分有无松动和磨损。
⑤ 遇有恶劣天气、大风时，应提前做好露天煤场、灰坝、石膏库、散料场地的防风措施，防止扬尘造成污染。

2）污染源治理的对策

① 根据发现的危险源，及时制定防范治理措施。

② 按计划要求，准备材料工具，安排实施整改。

某电厂局部污染源治理的对策如表4-2所示。

表4-2　某电厂局部污染源治理的对策

产生的污染源	防治对策
制粉系统泄漏	① 粉管采用耐磨性能较好的材料，如耐磨陶瓷片、耐磨钢、碳化硅等材料，原煤仓内壁粘贴高分子聚乙烯耐磨材料； ② 利用大小修期间检查制粉系统的管道、粉管，对于磨损较厉害的部位进行更换； ③ 发现有漏粉现象，确定漏点，立刻停止运行，联系检修人员及时处理； ④ 运行调整得当，防止因压力变化过大产生泄漏
煤场的扬尘	① 煤场采用喷淋装置； ② 尽量减少煤场倒短（煤场内的二次装卸）； ③ 大风天气时减少卸煤、上煤工作； ④ 煤场采用干燥棚、筒仓、挡风墙，不要露天堆放
卸灰时的扬尘	① 放灰料口要与灰车对齐插入； ② 卸灰设备有缺陷时，停止操作，待缺陷消除后方可进行
疏水系统泄漏	① 疏水操作完毕，先开一次门，后关二次门，以减少磨损造成的内漏； ② 定期测量疏水门前后温度，门后温度较高时安排检修，及时消除隐患； ③ 及时检查阀门，并关闭严密
设备的跑、冒、滴、漏	① 运行人员加强巡检，检修人员对自己的设备区定期检查，发现漏点及时处理； ② 对于难以处理的易漏部位，要制订改善方案，及时安排改造； ③ 对于油系统泄漏点要重点检查，及时处理并擦净，防止漏油引起火灾

2. 洗澡活动操作要点

（1）操作步骤

① 确定对象。实施洗澡活动，首先要确定洗澡的对象及内容。例如，针对一些生产区域或生产设备、库房、办公室，甚至一个抽屉等实施洗澡活动。

② 制订计划。制订洗澡活动计划，应明确活动开展时间、参与人员及实施内容等。确定活动开展时间，一般应尽量避开生产现场繁忙期；成立改善小组，确定参与人员；对清扫区域或任务区域进行划分，明确各区域洗澡活动的内容，并指定专人负责。

③ 准备资源。落实洗澡活动需要的工具，依据洗澡活动的对象，选择合适的清扫、修缮工具。

④ 组织实施。负责人依据清扫计划和任务，组织大家开始清扫工作。

⑤ 验收评价。工作结束后，进行检查验收，以便对洗澡活动的效果进行评价。

（2）操作方式

① 定期洗澡。定期洗澡是以班组为单位，定期对作业区域进行彻底清扫。应根据清理的难易程度、环境情况、设备状态确定清扫的周期。对于难打扫、环境差、不易保持的设备及系统，清扫周期要短，如制粉系统、润滑油系统等；对于不易打扫、环境较好、易保持的设备及系统，清扫周期可以适当延长，如内冷水、氢气系统等。各厂可根据实际情况制定清扫周期。

② 专项洗澡。专项洗澡是企业根据工作需要，对某些特定区域进行专项卫生清扫。如发电厂机组大小修时，汽轮机揭缸抽出转子后，全体员工对转子的叶片进行洗澡打磨，清除锈蚀、汽蚀部分，并由生产技术部门进行验收。

（3）注意事项

1）员工自主开展

洗澡活动应以员工自主开展为主。对于一些专业性强、难度高的工作，可请6S管理咨询公司帮助作业。要注意做好员工的安全意识教育，防止在洗澡活动过程中发生意外。员工自主开展洗澡活动有以下好处。

① 随时随地处理，不必等待支援。
② 节省费用。
③ 自己动手，员工有很高的成就感和满足感。
④ 可提升员工的技能，使其对设备更加熟悉和了解。

2）做好检查验收

洗澡活动过程中，企业应制定专门的检查验收表，安排专人进行检查验收，对存在的问题应及时指出并下达整改通知。对洗澡活动中验收不合格或未及时整改的区域，要进行处罚。

3）找到污染源

开展洗澡活动不能只停留在表面，要重点检查和治理污染产生的源头，杜绝因污染问题的不断发生所造成的重复工作。

某公司关于开展"洗澡活动"的方案

1. 活动内容

① 扫除垃圾。
② 修缮缝补、污染源防治。
③ 油漆翻新。

2. 活动要求

① 对岗位及周边环境进行彻底大扫除。（无论是通道、工作台下面、生产区、办公区、库房，还是机器、设备、工具、零件、原料、墙壁、地板、暖气罩，任何地方都要认真扫除污垢和赘物，并擦拭干净，去除所有长年堆积的灰尘、垃圾、污垢、障碍物，不留死角，使现场处处保持整洁。）

② 对机器、设备本身，连带其附属、辅助设备也要进行点检、清洗、维护、保养、润滑。（无论是对容易发生跑、冒、滴、漏的部门要重点检查确认，还是对松动的螺栓、锈迹腐蚀的设备、老化的线路、水管、气管、失效的仪表装置、堵塞的管道、未安装的防护装置等，我们不容易发现、看不到的内部结构也要特别留心注意。通过清扫把污秽、灰尘、油渍清除掉就会自然而然地把磨耗、瑕疵、漏油、松动、裂纹、变形等设备缺陷暴露出来，就可以采取相应的措施加以弥补，查明污染源，从根本上解决问题。）

③ 对年久失修的地面、墙壁、门窗、柜架、机器、设备表面进行维修和油漆翻新。（对锈迹斑斑的门窗、设备我们要进行油漆翻新，色彩使用要以国家现场目视管理关于色彩使用的规定为依据。）

④ 各部门开展"洗澡活动"之前应认真学习此文件。

3. 责任人划分

未重新划分6S责任区之前，一切责任归属以区域划分为准。部门领导负责分配本区域内部细化划分及安全工作。"洗澡活动"的具体实施时间由各部门自身协调。（班后还是休息时间，逐个开展还是共同实施由本部门合理安排，自行调整。）

4. 检查

公司6S检查小组负责检查验收"洗澡活动"的整体实施情况，生产设备部门主要负责检查验收设备点检、维护、保养的实施情况，保安班负责检查验收消防设施的点检、维护、清扫的实施情况。最后由6S办做检查结果总结汇报。（为保证验收情况细致明确，不与四项工作月度检查合并，验收时间待定在28—31日的其中一天。具体时间另行通知。）

5. 奖罚措施

奖励。此次活动评定出生产区一个优秀奖，奖励500元；一个服务奖，奖励300元；一个进步奖，奖励300元。行政办公区一个优秀奖，奖励300元。若单项任务未达标、扫盲活动不彻底、整理整顿不到位、清扫工作不细化、设备维护不到位、异常项未整改到位、洗澡活动任意一项任务仍在实施中未完成，取消评优资格。

处罚。对单项任务未达标、扫盲活动不彻底、整理整顿不到位、清扫工作不细化、设备维护不到位、异常项未整改到位、洗澡活动任意一项任务仍在实施中未完成，实施单项处罚，处罚实行连带责任制。

清扫的操作工具之五：白手套法

1. 白手套法操作内容

作为现场管理人员应如何快速检查本部门的清扫效果，尤其是人多事杂的部门，如果一个个项目检查，耗时又费力，而采用白手套检查法，轻松方便。

清扫检查时，检查人员双手戴上白色干净的手套（尼龙、纯棉质地均可）。在检查相关对象之前，检查人员先向该工序的责任人示意手套是干净的，然后在该检查对象的相关部位来回擦拭数次，接着将手套重新向责任人展示，由责任人自己判定清扫结果是否良好。如果手套有明显脏污，则证明清扫工作没有做好；反之，则说明清扫符合要求。白手套法反映工作结果，具有极强的可操作性。

白手套检查法如图4-13所示。

图4-13　白手套检查法

2. 白手套法操作要点

① 多预备几副白手套。尤其是对长流水线的工序检查，往往一副手套还检查不下来。擦脏的手套要另外摆放，事后要及时清洗，这本身也是清扫的一部分。

② 每次只用一个手指头的正面或背面来检查。如果每次都用手掌来确认的话，肯定手套是不够用的。但是，分开十个手指头的话就不同了，十个手指头的正反面，加上手掌面和手背面，一副手套就能检查24个工序。如果手指头和工序一一对应，只要看一下最终结果，就能知道哪些工序有问题。

③ 也可以用白纸、碎白布条来擦拭。检查有油脂、油墨的工序时，一旦粘上手套的话，手套也就报废了，因此可以改用白纸、碎白布条之类的东西来检查。

④ 让当事人自己来判定。绝大多数作业人员存在不愿意输给他人的心理，检查人员只要把十个手指头一亮，作业人员就会把自己的清扫效果与前后工序的清扫效果进行比较，寻找差距，有比较就会有进步，不好的会改善，好的会更好。

⑤ 擦拭部位要不断变换。如果每次检查都固定在某一部位，久而久之，大家都会误认为检查只是流于形式，从而日渐松懈，而个别不自觉的人，甚至会趁机偷工减料，只清扫每次擦拭的地方，这样就达不到检查的目的。

6S生产管理清扫工作的检查，白手套法有很好的说服力。白手套法将管理主体、执行主体、监督主体三者形成无缝隙管理，以提升工作效率。

 海尔的白袜子、白手套

每个月，青岛海尔冰箱公司都要统一进行现场6S检查，他们检查的方法很简单却又很奇特——通过穿白袜子在车间行走来检查确认现场的干净程度。

在进入每个车间之前，检查者们都会换上一双新的白袜子、一副新的白手套。穿着白袜子走在车间的地面，用白手套检查设备的干净程度，目视检查物品摆放的整齐程度。

检查完一个车间，在车间门口，他们都会脱下袜子、摘下手套，拿出色卡，将白袜子、白手套的脏污程度与标准色卡进行对照、打分，判定车间的6S状况。对照完色卡之后，他们将每双袜子、每副手套挂在现场，时刻提醒大家，我们做得仍不够完美。

海尔冰箱公司将现场检查与标准色卡对照结合起来，这样就可以进行严格而量化的考评。用白袜子、白手套的脏污程度影响6S成绩，而6S成绩直接影响员工的绩效与收入。

将白袜子、白手套挂在现场，其受污程度员工一览无余，这些感官刺激将加深员工认真改善现场的决心。海尔冰箱公司会把多次检查的白袜子、白手套都挂在现场，如果每次检查时白袜子、白手套的颜色越来越浅，那么表明该车间的清扫工作有进步，这也为员工提供得到自豪感的机会。

白袜子、白手套检查，白袜子、白手套悬挂，白袜子、白手套与色卡对比，海尔冰箱公司将小小的白袜子、白手套与可视化管理、6S检查结合起来，将6S管理推到了极致。

 清扫的操作工具之六：油漆作战

1. 油漆作战操作内容

油漆作战主要适用于清扫活动，其实施要点是彻底清扫、修理及修复、全面油漆，以创造清新宜人的工作环境，使老旧的场所、设备、用具等恢复如新，给员工以信心。

在清扫阶段，通常的做法是搞一次彻底的清扫，把看得见和看不见的地方都清扫干净。但是，仅仅做到这一点还是不够的。原因如下：一般情况下，6S工作做得不好的管理现场经常会出现各类设施破损，设备表面锈迹斑斑，地面、墙面油漆经常脱落等问题。单纯的清扫并不能解决这类问题，其结果是，由于看不到令人满意的效果，员工对6S管理的参与热情不能很好地保持。

2. 油漆作战操作要点

（1）操作步骤

1）计划

油漆作战的准备和标准的制定。进行油漆作战之前，要制订一个具体的行动计划。计划包括以下几个方面的内容。

① 决定对象区域、设备等。
② 对处理前的状况进行记录、照相等。
③ 标准的决定，即进行区域、通道的规划，决定不同场所所用油漆的颜色等。
④ 工具、材料的准备。
⑤ 参与人员和责任分档。
⑥ 学习涂刷油漆的方法等。

涂刷油漆的工作看似简单，实际操作起来还有很多具体的问题要解决。比如，涂刷油漆方法的学习就是很重要的一个方面，最好的办法是具体咨询油漆厂家，并根据专家指导制作一个油漆使用方法指导书，对涂刷前的处理、涂刷用具、溶剂、涂层的厚度、干燥的时间、配色等方面进行说明。

2）试验

示范区域、示范设备的试验。在全面涂刷油漆之前，要选定一个示范区域或示范设备，按照事先决定的标准进行试验。试验的目的是确定计划阶段所做的标准是否合适，试验后可以在听取多方意见的基础上对计划中所列的标准进行修改。

3）推广

油漆作战的全面开展。根据修改后的计划，具体安排和实施涂刷油漆活动。当然，油漆作战还需要注意以下几个问题。

① 选择合适的时机，即以不影响生产为前提确定实施的时间。
② 注意在涂刷油漆之前要彻底清理设备、地面、墙面上的污物，如灰尘、胶带纸、油污、铁锈等附着物。
③ 注意实施过程中的安全防范，特别要注意防火、机器和设备搬动过程中的保护，以及员工接触油漆溶剂过程中的安全等。

4）总结

油漆作战前后的对比总结工作也是一项重要的工作内容。

（2）实施要点

相对来说，在墙壁上涂刷油漆比较简单，在此主要讲述一下在地板上的油漆作战。

1）地板颜色的选择

地板要根据用途，通过颜色来加以区分。作业区运用方便作业的颜色，休闲区则要运用让人感觉舒适、放松的颜色。通道依据作业区的位置来设立，但其弯道要尽量少些。

油漆作战的颜色标识如图4-14所示。

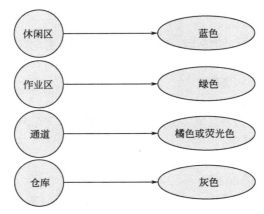

图4-14　油漆作战的颜色标识

2）画线要点

决定地板的颜色后，接下来是在这些区块中画线。画线注意的要点如下所示。

要点一，通常使用油漆，也可以用有色胶带或压板。

要点二，从通道与作业区的区块画线开始画线。

要点三，决定右侧通行或左侧通行（最好与交通规则相同，右侧通行）。

要点四，出入口的线采用虚线。

要点五，现场中要注意之处或危险区域可画相关标记。

3）区块画线

把通道与作业区的区块划分开的线称为区块画线。通常以黄线表示，也可以用白线表示。画线要点如下。

① 画直线。

② 清楚醒目。

③ 减少角落弯位。

④ 转角要避免直角。

也就是说，画直线要有一定的宽度，转角时要用弯角。

区块画线示意图如图4-15所示。

图4-15 区块画线示意图

4）出入口线

勾画出人能够出入部分的线称为出入口线。用黄线标出,不可踩踏。画线要点如下。

① 区块勾画线是实线、出入口线是虚线。
② 出入口线提示确保此场所的安全。
③ 彻底从作业者的角度来考虑设计出入口线。

5）通道线

首先决定通道线靠左侧还是靠右侧。最好与交通规则相同,靠右侧通行。画线要点如下。

① 黄色或白色且有箭头。
② 在一定间隔处或是角落附近画线,不要忘记楼梯,在楼梯画线时要有明确的箭头方向。

出入口画线示意图如图4-16所示。

图4-16 出入口画线示意图

6）老虎标记

老虎标记也称老虎线,是由黄色与黑色相间的斜纹所组成的线,与老虎身上的线条相似,所以称为老虎标记。须画老虎标记的地方包括通往通道的瓶颈处、脚跟处、横跨通道处、阶梯、电气感应处、起重机操作处、头上有物处、机械移动处。画线要点如下。

① 老虎标记要能够很清楚地看到。可用油漆涂上或贴上黑黄相间的老虎标记胶带。
② 通往通道的瓶颈处要彻底地修整，使之畅通。

老虎标记示意图如图4-17所示。

图4-17　老虎标记示意图

7）置物场所线

放置物品的地方称为置物场所。标示置物场所的标线即置物场所线。要特别把半成品或作业台等当作画线对象。画线要点如下。

① 清理出半成品等的放置场所。
② 清理出作业台、台车、灭火器等的放置场所。
③ 明确各区域画线的颜色、宽度和线型。

置物场所油漆标识示意图如图4-18所示。

图4-18　置物场所油漆标识示意图

（3）画线刷油漆的基本做法

画线刷油漆基本可以分为以下五个步骤。
① 清除旧线。
② 清洁地面。
③ 墨斗弹线。
④ 贴胶带。
⑤ 油漆画线。

画线刷油漆示意图如图4-19所示。

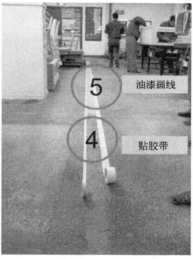

图4-19　画线刷油漆示意图

Chapter Five

第五章

清洁的操作工具

清洁的操作工具之一：走动式管理

1. 走动式管理操作内容

走动式管理是指高阶主管经常抽空前往各个办公室走动，以获得更丰富、更直接的员工工作问题，并及时了解所属员工工作困境的一种策略。它主要是指企业主管身先士卒，深入基层，体察民意，了解真情，与部属打成一片，共创业绩。

走动式管理的形式是"走动"，主旨是"管理"。走动式管理的主要内容包括如下几个方面。

① 品质管理。检查、评价、指导、改进工作质量和产品质量。
② 作业方法查核。安全规范、操作规范、行为规范等。
③ 生产进度控制。督导、协调各部门的工作配合。
④ 设备保养、维护、执行状况查核。各类生产、办公设备及设施。
⑤ 查核材料供应状况。生产材料的供需协调和质量把关。
⑥ 生产效率维护。
⑦ 各项制度的落实。督促、指导与检查。
⑧ 维护工作纪律及提振员工士气。
⑨ 沟通信息。

2. 走动式管理操作要点

（1）"四多"原则

一要多看。走动式管理首先要"勤走"，但不能"盲走"。在走的过程中要充分调动眼睛的功能，处处留意，细心观察。不但看表象还要看实质，不但看大面还要看个点，不但看明处还要看暗处。

二要多听。走动式管理要"会走"，但不能"乱走"。在走与看的过程中，要善于倾听，既要听员工的建议，也要听他们的牢骚，既要听员工的有意之言，也要听他们的无心之语；但绝不能只会听或只爱听那些阿谀奉承的恭维之词。

三要多问。在听与看的基础上，还要多提问题，并善于提问题。问生产中的困难，问生产进度，问员工在想什么，问员工对公司政策有没有意见，等等。另外，看到问题、听到疑点也要问清楚、问明白。

四要多想。想就是思考、分析、判断。在走动式管理中，"想"既是走、看、听、问的起点，也是其归结点。事前没有周密的思考，就会胡走、乱看、瞎问；走到了、看清了、问明了，不用心思考就会使走动式管理流于形式，不认真分析判断就有可能做出错误决策。

（2）实施方法

① 怎么"走"？走动式管理用什么去"走"？这不仅仅是用腿，还要用脑、用眼、用嘴，不是让你去"瞎走""乱走"，也不是让你走到位就算完成任务。

在"走"之前，你要先思考以下问题。

A. 往哪"走"？应该考虑当前生产的重点是哪个环节？哪个岗位的问题比较严重？哪个工序问题、难题较多？哪个位置是你的职能重点？这才是首先要"走"到的地方。

B. 何时"走"？琢磨琢磨什么时间、什么位置容易出问题、有难点，这才是应该"走"的最佳时间和地点。

C. 怎么"走"？不要抱着怀疑与挑剔的眼光往下"走"，也不要一副闲情逸致的样子"走"下去，有时甚至也不能大张旗鼓地往下"走"。走动式管理的"走"字很有学问，需结合实际研究探索"走"的有效方式方法，才能为后面的"管理"二字奠定基础。

② 怎么"看"？"走"到位置后主要看什么？"走"到位置后，首先根据自己的职责和所在"位置"的实际情况，有目的地去看，看不出问题来就要主动地去问，这样才能发挥职责与特长，帮助所到"位置"的员工解决生产中的实际问题。

③ 怎么"管"？看到问题如何解决？在职责范围内，领导要敢于做决定，不要怕出差错、担责任，只要是为了公司的利益，公司也要允许领导犯错误，甚至鼓励他们犯错误。看到问题，领导还要敢于大胆管理，不要怕"得罪人"。

（3）实施要求

① 公司领导对中层干部的走动式管理提出明确要求和督导措施，在开始阶段加强对该项工作的检查和支持力度。

② 把走动式管理列为对中层干部的一项考核内容。开始阶段，对干部的要求一定要严格、具体，绝不允许应付差事走形式、马虎办事不负责。

③ 有关干部结合自己的岗位职能，制定出个人走动式管理的方向、内容和大概实施计划，交主管人员保存。不同职能的干部走的地方、看的内容、管的方式方法肯定不一样，也就是各司其职、各负其责。

④ 按要求做好走动式管理记录，重大问题及时汇报，普遍现象和问题按要求上报。记录中最好写明如下内容。

- 什么时间、在什么地方、发现什么问题或解决什么问题。
- 生产、员工个人中有什么需要公司领导或有关部门协助解决的困难和问题。
- 员工的意见、建议、牢骚不满等（当然，这不是打小报告，主要目的是搜集信息和发现问题，以利于公司领导更好的决策）。
- 其他重要的信息。

⑤ 周汇报分析会——时间可定在周六下午或周一上午,以30分钟为宜。内容如下。

● 中层干部要有走动管理记录。包括何时到何地,看到什么问题、现象,如何解决处理的,有什么现象或问题不能或不便当场解决的应向公司领导汇报[开始阶段,每人必须汇报3个以上的问题,且要具体到人(车间、工序等)和事]。

● 协调处理干部提交的可及时解决的问题或应注意的事项。

● 记录要交主管人员保存。

⑥ 月总结评议会——月底至下月初的1周内,以1小时为宜。总结走动式管理的效果,分析发现的问题,研究解决方法;评议每位干部的走动式管理工作绩效;总结经验、研究探讨方式方法;制定下月走动式管理的工作重点。

⑦ 上述两项会议的目的是在开始阶段促进中层干部对走动式管理的重视,共同研究探讨适合本公司实际的走动式管理工作方法。如不能按时召开,也必须要求各中层干部按时把走动式管理记录交主管人员。

⑧ 走动式管理是公司中层干部的职责所在,切忌应付差事、走形式,应将其作为公司的一项管理措施长期实施下去。

麦当劳的走动式管理

在西式快餐业里,管理者常用的管理方式被形象地称为"走动式管理"。关于这种管理模式的产生有一段趣闻。据说,当时西式快餐连锁模式的发明者——"麦当劳"集团的第二任总裁雷克罗克先生,在走访了他的三十多家连锁店后,站在办公室的大落地玻璃窗前进行了沉思。此时,麦当劳正陷入经营业绩的低谷期,他的办公桌上堆满了调查报告。过一会儿,雷克罗克紧锁的眉头舒展开了,他快步走到桌前奋笔疾书起来。大约过了三天,所有麦当劳店长的办公桌上都放置了一份文件,那是雷克罗克亲自下达的一个命令。这个命令很奇怪,它要求每一位店长用钢锯锯下他们办公椅的椅背。面对这个奇怪的命令,有些店长觉得很不理解,不过,他们仍然执行了这个命令,过了一个礼拜,这个命令的用意慢慢地明显了。原来,雷克罗克的用意是让每一位店长都不要舒服地坐在办公室里,而是要在店里走,发现问题,解决问题。麦当劳的店长们把这种在走动中完成的管理称为"走动式管理",并且将之发扬到各快餐行业中。经过这段小插曲,"麦当劳"的经营业绩也开始慢慢回升。

清洁的操作工具之二：4M1E控制

1. 4M1E控制操作内容

（1）4M1E的要素

4M1E是指人(Man)、机器(Machine)、材料(Material)、方法(Method)，简称人、机、料、法，通常还要包含1E：环境(Environments)，故合称4M1E法。也就是人们常说的人、机、料、法、环现场管理五大要素。

① 人(Man)。人就是指在现场的所有人员，包括主管、司机、生产员工、搬运工等。围绕着"人"的因素，各种不同的企业有不同的管理方法。人的性格特点不一样，生产的进度、对待工作的态度、对产品质量的理解就不一样。作为领导者，对不同性格的人用不同的方法，使他们能"人尽其才"。

② 机(Machine)。机就是指生产中所使用的设备、工具等辅助生产用具。生产设备是否正常运作、工具的好坏都是影响生产进度、产品质量的要素。良好的设备状态能提高生产效率，提高产品质量。

③ 料(Material)。料就是指半成品、配件、原料等产品用料。产品一般都有几种、几十种配件或部件，由多部门同时运作生产出来。不论哪一个部门，工作的结果都会影响到其他部门的生产运作。在生产管理的过程中，必须密切注意前工序送来的半成品、仓库的配件、自己工序生产的半成品或成品的进度情况等。

④ 法(Method)。法就是指生产过程中所需遵循的规章制度，包括工艺指导书、标准工序指引、生产图纸、生产计划表、产品作业标准、检验标准、各种操作规程等。严格按照规程作业，是保证产品质量和生产进度的基本条件。

⑤ 环(Environments)。环就是指环境。某些产品（食品、高科技产品）对环境的要求很高，环境也会影响产品的质量。环境是生产现场管理中不可忽略的一环。

（2）操作内容

1）品质管理，保证质量

① 按各岗位的职责标准要求作业。
② 进行流程和工序诊断，预防不良发生。
③ 尽可能改善工序流程，提高工序效率。
④ 将以往的经验、教训反馈到新的活动里。

2）降低成本，减少浪费

① 在标准工时内完成工程进度。
② 减少车辆油耗。

③ 进行关键路径分析，减少工时。
④ 杜绝各种白干、瞎干、蛮干的行为。

3）确保进度，保证交货期

① 拟订进度计划，做好进度管理。
② 适当调节进度，平衡工时，要保持弹性。

4）建立安全守则，确保人身安全

① 强调安全守则，必要时可强制执行。
② 定期检查各种安全防护措施有无时效。

5）建立有效团队，提高士气

① 制定鲜明的奖惩制度，鼓励提合理化建议。
② 以身作则，率先示范，发挥领导示范效应。
③ 关心下属身心健康，维系良好的人际关系。
④ 鼓励下属自修求进，相互学习，并适时奖励。

2. 4M1E控制操作要点

（1）操作要求

① 现场实行定制管理，使人流、物流、信息流畅通有序，现场环境整洁，文明生产。
② 强化工艺管理，优化工艺路线和工艺布局，提高工艺水平，严格按工艺要求组织生产，使生产处于受控状态，保证产品质量。
③ 以生产现场组织体系的合理化、高效化为目的，不断优化生产劳动组织，提高劳动效率。
④ 健全各项规章制度、技术标准、管理标准、工作标准、劳动及消耗定额、统计台账等。
⑤ 建立和完善管理保障体系，有效控制投入产出，提高现场管理的运行效能。
⑥ 搞好班组建设，充分调动职工的积极性和创造性。

（2）控制措施

1）操作人员因素(人)主要控制措施

① 生产人员符合岗位技能要求，经过相关培训考核。
② 对特殊工序应明确规定特殊工序的操作、检验人员应具备的专业知识和操作技能，考核合格者持证上岗。
③ 操作人员能严格遵守公司制度，严格按工艺文件操作，对工作和质量认真负责。
④ 检验人员能严格按工艺规程和检验指导书进行检验，做好检验原始记录，并按

规定报送。

2）机器设备因素（机）主要控制措施

① 有完整的设备管理办法，包括设备的购置、流转、维护、保养、检定等均有明确规定。

② 设备管理办法各项规定均有效实施，有设备台账、设备技能档案、维修检定计划的相关记录，记录内容完整准确。

③ 生产设备、检验设备、工装工具、计量器具等均符合工艺规程要求，能满足工序能力要求，加工条件若随时间变化能及时采取调整和补偿，保证质量要求。

④ 生产设备、检验设备、工装工具、计量器具等处于完好状态和受控状态。

3）材料因素（料）主要控制措施

① 有明确可行的物料采购、仓储、运输、质检等方面的管理制度，并严格执行。

② 建立进料检验、入库、保管、标识、发放制度，并认真执行，严格控制质量。

③ 转入本工序的原料或半成品，必须符合技术文件的规定。

④ 所加工出的半成品、成品符合质量要求，有批次或序列号标识。

⑤ 对不合格品有控制办法，职责分明，能对不合格品有效隔离、标识、记录和处理。

⑥ 生产物料信息管理有效，质量问题可追溯。

4）工艺方法的因素（法）主要控制措施

① 工序流程布局科学合理，能保证产品质量满足要求。

② 能区分关键工序、特殊工序和一般工序，有效确立工序质量控制点，对工序和控制点能标识清楚。

③ 有正规有效的生产管理办法、质量控制办法和工艺操作文件。

④ 主要工序都有操作规程或作业指导书，操作文件对人员、工装、设备、操作方法、生产环境、过程参数等提出具体的技术要求。特殊工序的工艺规程除明确工艺参数外，还应对工艺参数的控制方法、试样的制取、工作介质、设备和环境条件等做出具体的规定。

⑤ 工艺文件重要的过程参数和特性值经过工艺评定或工艺验证；特殊工序主要工艺参数的变更，必须经过充分试验验证或专家论证合格后，方可更改文件。

⑥ 对每个质量控制点规定检查要点、检查方法和接收准则，并规定相关处理办法。

⑦ 规定并执行工艺文件的编制、评定和审批程序，以保证生产现场所使用文件的正确、完整、统一性，工艺文件处于受控状态，现场能取得现行有效版本的工艺文件。

⑧ 各项文件能严格执行，记录资料能及时按要求填报。

5）环境的因素（环）主要控制措施

① 有生产现场环境卫生方面的管理制度。

② 环境因素如温度、湿度、光线等符合生产技术文件要求。

③ 生产环境中有相关安全环保设备和措施，职工健康安全符合法律法规要求。

④ 生产环境保持清洁、整齐、有序，无与生产无关的杂物。
⑤ 材料、半成品、用具等均定置整齐存放。
⑥ 相关环境记录能有效填报或取得。

清洁的操作工具之三：标准化

1. 标准化操作内容

（1）标准化的内容

标准化是指在经济、技术、科学及管理等社会实践中，对重复性事物和概念通过制定、发布和实施标准，达到统一，以获得最佳秩序和社会效益的活动。

对于6S管理来说，就是将目前认为开展各项活动的最好办法、步骤及要求作为标准，让所有参与活动的人都执行这个标准，并不断地完善它，这个过程就称为标准化。

企业中的生产就是以规定的成本、规定的工时生产出品质均匀、符合规格的产品。如果生产现场作业如工序前后次序随意变更，或作业方法、作业条件随人而异的话，一定无法生产出符合上述目的的产品。因此，企业必须对作业流程、作业方法、作业条件加以规定并贯彻执行，使之标准化。标准化有技术储备、提高效率、防止再发、教育训练四大目的。

（2）标准化的方法

① 简化。将复杂的技术转化成易懂易掌握的基本技能。
② 统一化。将各种不同的方法或标准统一成一种或几种方法或标准。
③ 通用化。即尽量地减少独特性和专用性，扩大兼容性和互换性。
④ 系列化。系列化也叫系统化，是将一种标准按照适用范围及其特性演绎成相应的系列标准。

（3）标准的制定要求

国内许多企业都有这样或那样的标准，但仔细分析就会发现许多标准存在操作性差、不明确等问题。例如，"要求冷却水流量适中"及"要求小心地插入"，这样的内容不可理解，不具有操作性。一个好的标准的制定是有要求的，要满足以下六点。

① 标准必须面对目标，即遵循标准总是能保持生产出相同品质的产品。与目标无关的词语、内容请勿出现。
② 标准必须显示原因和结果。比如，"焊接厚度应该是3μm"，这是一个结果，应该描述为"焊接工用3.0A电流20min来获得3.0μm的厚度"。
③ 标准必须准确，避免抽象。例如，"上紧螺丝时要小心"，"要小心"这样模糊的

词语是不宜出现的。

④ 标准必须数量化、具体化，让每一个读标准的人必须能以相同的方式解释标准。为了达到这一点，标准中应该多使用图形和数字，如使用一个更量化的表达式。

⑤ 标准必须具有现实性，是可操作的。标准的可操作性非常重要。许多企业车间的墙上都有操作规程、设备保养等标准，但操作性较差。

⑥ 标准必须定期修订。优秀企业的工作是按标准进行的，因此标准必须是最新的，是当时正确的操作情况的反映。在以下的情况下修订标准。

- 内容难或难以执行定义的任务。
- 当产品的质量水平已经改变时。
- 当发现问题及改变步骤时。
- 当机器工具或仪器已经改变时。
- 当工作程序已经改变时。
- 当方法、工具或机器已经改变时。
- 当要适应外部因素改变（如环境的问题）时。
- 当法律和规章已经改变时。
- 标准已经改变时。

2. 标准化操作要点

（1）标准化过程

标准化是一个过程，不能指望本月发出红头文件，下月各种符合要求的标准就完成。在进行标准化时需要耐心，需要营造良好的改善氛围，如管理看板、合理化提案制度、部门或公司改善发表大会、改善能手、标准化竞赛等，让做得好的有成就感，做得不好的有压力，逐步引导，最终完成有效的标准化过程。

（2）标准化应用

标准化是现场人员多年智慧和经验的结晶，代表了最好、最容易、最安全、可操作性最强、最实用、最方便、最快捷的作业方法。当然，标准化的推行有一个过程，要经过制定、实施，再到完善阶段。一个标准制定下来之后，要付诸实施，要彻底地贯彻下去，同时在实施的过程中，要不断地修订和完善它，使标准更加规范、更加实用。

麦德龙标准化商品的供应链管理

① 动态管理。在麦德龙，电脑控制系统掌握了商品进、销、存的全部动态，将存货控制在最合理的范围。当商品数量低于安全库存，电脑就能自动产生订单，向供货

单位发出订货通知,从而保证商品持续供应和低成本经营。如果能随时对进、销、存的动态有清晰的了解,就可以及时发现问题,做出快速反应,避免损失的发生,从而能在降低库存的同时,提高顾客满意度。麦德龙最大的优势就是从一开始就建立了信息管理系统。早在20世纪70年代,麦德龙的最高领导层就将信息管理的概念带进麦德龙的物流管理。经过40多年的不断改进和完善,从商品的选择、订货、追加订货到收货、销售、收银每一个环节,麦德龙都有先进的电脑信息系统对此进行严格的控制。

② 标准化操作。中国供应链管理存在的问题就是没有对物流管理进行严格的标准化掌控。麦德龙的经营秘诀就是所有麦德龙的分店都执行一个标准,麦德龙将很成功的模版复制到每个商场,包括商场的外观和内部布置及操作规则,所有商场实施标准化、规则化管理。这些规则包括购买、销售、组织等各个方面。就像工厂的机械化操作一样,每个人都知道自己要做什么、应该怎么做,规则非常明确。从与供应商议价开始,直到下单、接货、上架、销售、收银整个流程,都是由一系列很完善的规则控制这套动作。

③ 客户分类。麦德龙主要针对专业客户,如中小型零售商、酒店、餐饮业、工厂、企事业单位、政府和团体等。其供应链管理的特色之一就是对顾客实行不收费的会员制管理,并建立了顾客信息管理系统。麦德龙只关注目标客户,知道他们需要什么,因此麦德龙可以控制商品的品种和数目。如果麦德龙服务所有人,就需要更多的投入、更多的供应商、更多的洽谈……这就是成本。从技术的角度讲,限制客户范围可以提高经营效率。麦德龙的信息系统不但能详尽反映销售情况,提供销售数量和品种信息,而且还记录了各类客户的采购频率和购物结构,准确反映了客户的需求动态和发展趋势,这使麦德龙能及时调整商品结构和经营策略,对顾客需求变化迅速做出反应,从而最大限度地满足顾客需求。

④ 与供应商双赢。在整个供应链上,不仅仅需要企业内部各个环节能有效地完成各自的工作,更需要供应商与企业之间、企业与客户之间的无缝对接。麦德龙的价格优势,来自从采购到销售有一套严谨的、标准化的管理程序,而这一套标准化管理程序顺着供应链一直延伸到供应商处的供货流程。麦德龙专门为供应商制作了供货操作手册,包括凭据、资料填写、订货、供货、价格变动、账单管理、付款等过程的方方面面。麦德龙通过这种规范化采购运作的延伸,把供应商纳入自己的管理体系,将供应商的运输系统组合成为它服务的社会化配送系统,从而大大降低了企业的投资,实现了低成本运营。

Chapter Six

第六章

安全的操作工具

安全的操作工具之一：五感点检法

1. 五感点检法操作内容

五感点检法就是综合调动人体脑细胞的"五感"机能与已有的知识和经验相结合所进行的基本活动。其内容包括视觉、听觉、触觉、嗅觉、味觉，就是利用人的基本感觉器官去诊断和发现设备工艺隐患，防微杜渐，防患未然。一般要求操作者熟悉和了解设备结构、熟悉故障模式、熟悉故障部位，正确掌握各种判断和检测标准（运行标准参数）及方法，针对发现的异常情况，做出及时准确的判断。

五感点检法是一线操作工必须练就的硬功夫，要想使自己"五感"灵验，必须加强自己的理论和实践知识学习，要求操作工在日常修理和维护保养时紧紧跟随机修工，了解设备结构，了解设备弱点，了解设备故障现象和故障走势，及时发现、报告、处理故障隐患，为生产顺利进行提供保障。

2. 五感点检法操作要点

五感点检法的操作要点包括问、看、嗅、听、摸。

问：向操作工询问故障发生经过，问清楚是突发的、渐发的或者是调修后产生的，以及以前的处理方法。"问"是最直接有效的方法，一般有经验的操作工对设备的使用过程非常了解，通过耐心细致的询问，了解设备使用和故障发生的细节，把握设备基本状态，判断设备故障走势，最终找到解决问题的途径和方法。

看：观察零件发生故障时所处的位置、周围环境、零件的结构类型、机架等振动情况，螺栓等紧固情况，设备径向轴向窜动情况等，由表及里，仔细检查，最终找到问题的根源。

嗅：闻现场的气味，一般设备干涉故障会引起设备机件摩擦发热，油料或橡胶等有机物易高温变质，这样就会引起气味异常。通常，出现这种情况就表明设备的故障情况应该很严重了，要及时上报处理。

听：判断各种机械传动所发出的不正常声响和产生的位置。"听"对新员工来讲是十分困难的事情，一般减速机轴承间隙大时发出的声音和轴承间隙正常时发出的声音差异非常大，平时有意识培养自己这方面的能力十分重要，只有有意识地去培养，锻炼自己，才能够逐步适应工作要求。通常，使用木质柄改锥放在机件上，手握成筒形半拳状去听，听是正常声音还是敲击声，是连续的声音还是间断的声音，经常听正常声音，关键时才会辨别不正常声音。

摸：用手触摸或通过简单的工具来判断设备温度及振动是否正常。一般感受设备温度时，先用手触摸设备，并数心跳3次以上可以不拿开属于正常。通常，设备损坏的前兆是轴承先坏，因轴承寿命到了，表面出现疲劳点蚀，保持架损坏、珠粒子混乱,都会有温度和振动异常现象,通过自己的感觉器官和手以及经验去判断设备的故障走势。

眼睛的作用如表6-1所示。

表6-1　眼睛的作用

作用	观察什么	发现事项示例
眼睛	运行顺利与否?	供油不足、松弛、中心错位
	指示值是否在管理范围内?	油量不足、泄漏、堵塞
	有无变色?	漏油、油品恶化、发热胶着
	配线、软管有无摩擦?	断开、接地、油或空气泄漏
	有无松弛、龟裂、破损?	焊接脱落、重大故障前兆
	磨耗粉质(铁粉等)有无落下?	供油不足、松弛、中心错位
	表面有无脏物?	生锈、清扫不彻底,涂装恶化

手和鼻的作用如表6-2所示。

表6-2　手和鼻的作用

作用	观察什么	发现事项示例
手	温度高不高?	过负荷、润滑不良
	有无出现异常振动?	轴承磨耗、润滑不良、中心错位
	有无螺栓的松弛、摇动?	拧紧部位的松弛、焊接脱落
鼻	有无烧熔、烧焦的臭味?	油温的上升、V皮带的滑动润滑不良、加热器过热
	有无树脂件烧损臭味、电气元件的烧伤臭味	线圈、电机的烧损、电气配线的烧损、漏电
	从哪里来的臭味?	查明发生位置

耳和感觉的作用如表6-3所示。

表6-3　耳和感觉的作用

作用	观察什么	发现事项示例
耳	是不是异常的声音、振动?	润滑不良、黏着、磨损、松弛
	是否有漏气?	软管、配管密封不良
	听出是什么声音吗?	能够推定发生原因
	从哪里传来的声音呢?	查明发生位置
感觉	与平常的气氛不一样吗?	复合异常,依据直觉进行判断
	与其他的设备相比较一下?	异常位置的确认,提高判定精度
	以前也有同样的症状吗?	根据过去的经验进行早期对应

安全的操作工具之二：预防管理

1. 预防管理操作内容

预防的意思是预先做好准备。由此推之，预防管理法的基本意思就是预先做好准备的企业管理方法。预防管理法是指在企业创立之前或者企业的某个项目运作之前，在信息资料的基础上，根据企业各要素发展的客观规律，预测运行中可能出现的状况，并针对这些问题加以分析，以达到避免或事先提供解决方案之目的的解决方法。

预防管理可以避免某些错误的发生。在工作中，往往有很多失误都是由于人们的工作态度和努力程度不够而造成的。对于这种情况，通过预防管理，提高员工的工作积极性和主动性就可以避免。

预防管理可以提前拟订问题解决方案。在工作中，由于人类对自然界的认识能力和改造能力不够或人们在短时间内无法迅速提高技能，或出于其他原因一些问题在具体的行动中出现的可能性较大或无法避免。管理者通过预防管理，对未来可能出现的问题进行分析，并且在行动之前拟订解决方案，一旦出现问题，可以依据事先拟订好的方案进行解决，从而为企业减少损失。

2. 预防管理操作要点

（1）操作程序

① 收集信息，分析环境。在这个步骤开始之前，首先要确定预防的对象和目标，然后针对预防对象收集相关信息，这些信息要准确和全面。其次，根据所获得的信息对事物运行的内外环境进行分析。

② 进行预测，发现问题。这个步骤是指根据实际情况，选择恰当的方法（可以同时使用几种不同的方法确保预测的精确性）进行预测，根据预测结果对未来可能出现的情况进行分析，尽量发现未来可能面临的种种问题。

③ 寻找关键，设计方案。对上面步骤中收集的所有问题，进行整理和分类，如哪些是关键的，哪些是次要的；哪些是操作方面的，哪些是技术方面的，哪些是管理方面的。从关键问题入手，针对不同情况设计不同的解决方案。

④ 提前进行解决。在行动之前，消除未来的隐患，这个步骤也是整个预防管理的落脚点。能避免的尽量避免，不能避免的要提前进行纠正，尽量减少以后的消耗和损失。

（2）操作要求

1）基本要求

① 树立预防管理的观念。
② 抓住企业要素发展的客观规律。
③ 完善企业的预防管理体系。

2）具体要求

① 有备无患。只有在不利的事情还没有发生之前就进行思考和分析，并且做好充分的准备，才能够避免祸患和错误的产生。这首先要求管理者具备敏锐的洞察力，能够根据日常收集到的各方面信息，及时发现潜在的危险并且采取有效的防范措施，达到完全避免或把损害和影响尽可能降低到最低限度。

② 防微杜渐。自然界的事物都是变化发展的，是由量变到质变的过程。看到一点小小的端倪的时候，就要及时解决，越早认识到存在的问题和威胁，越早采取适当的行动，就越能控制事情发展的方向。根据已经发生的现象和已经出现的小问题，来预防未来更大的不利事情，这也是预防管理的一个重要内容。

③ 拾遗补阙。每个人和每个企业都具有与众不同的优点和长处，同时也存在缺陷和不足。优势能够促使成功，劣势也会导致失败。如果能够认识到这一点，人们就应该查找自己的缺陷和不足之处，并且早日弥补。对于企业来说，要及早地认清劣势，并且在日常工作中针对这些劣势进行学习和提高，只有这样，才不会在未来出现大的错误和造成大的损失。

 安全的操作工具之三：源头治理法

1. 源头治理法操作内容

在进行现场清扫或者设备清扫时，我们有时候会觉得很沮丧，因为，设备在运行时，会产生一定量的边角料和切屑。同时，粉尘、刺激性气体、噪声、管道泄漏等污染都是污染源，而且总也处理不干净，如粉尘刚刚打扫完，一会又出现了。这种现象对负责打扫的员工而言，非常具有挫败感。所以，随着清扫工作的深入，应该逐渐把清扫的重点放在改善污染源方面，以便于提高清扫效率和效果，避免员工产生抵触情绪。只有员工不抵触，清扫和检查工作才能持久地开展下去。

污染源一般分为两大类：一类是跑、冒、滴、漏；另一类是粉尘、碎屑。

跑、冒、滴、漏源于设备或管道密封不严，如漏油、漏气、漏水等。

粉尘、碎屑源于生产制造工艺本身，如加工木材要产生木屑，加工金属要产生铁屑，切割电路板要产生粉尘等。很多时候，来自生产工艺的粉尘、碎屑是不可避免的，这是加工过程的副产品。

2. 源头治理法操作要点

（1）调查根源

第一阶段：把握清扫对象（如水、电、热、油、蒸汽、空气、渣滓、粉末、沙子，以及机械设备、电气装置、防护设施等）的状态。主要包括以下几点。

① 是否有溢出、渗漏、脱落、裸露等现象。
② 是否有破损、松动、振动、噪声、异响等现象。
③ 是否存在环境污染或事故隐患。
④ 防范措施是否完善。

第二阶段：查明发生的原因，即搞清根源在哪里。

（2）寻求解决对策

污染源对策就是思考减少污染发生量或者完全不让污染发生的办法。

① 研讨各种技术，在容易产生粉末、喷雾、飞屑的部位装上挡板、护盖等改善装置，将污染源局部化，这不仅保障作业安全，而且有利于废料收集，减少污染。
② 在设备更换、移位时，同样要将破损处进行修复。
③ 日常的维护管理是相当重要的，对有黏性的废物如胶纸、不干胶、发泡液等，必须通过收集装置进行收集，以免弄脏地面。
④ 在机器擦洗干净后，要仔细地检查给油、油管、油泵、阀门、开关等部位，观察油槽周围有无容易渗入灰尘的间隙或缺口，排气装置、过滤网、开关是否有磨损、泄漏现象等。
⑤ 电器控制系统开关、紧固件、指示灯、轴承等部位是否完好。
⑥ 思考高效率的收集或去除污垢的办法。

一旦对污染源采取对策之后，对于对策所要花费的费用及工时的评估、对策的难易度、是否自己能解决或者须依赖其他部门的技术支持等问题都要加以分析。进一步思考所采取的对策期待的效果大小，并设定优先顺序，然后实施。

（3）实施改善

落实对策方案，针对污染源和危险源实施改善。一般有两种方式：杜绝式和控制式。

① 杜绝式。主要对付跑、冒、滴、漏现象。正常状态下，设备与管道是不应该有跑、冒、滴、漏问题的，所以，从脏污的源头入手，剖析产生的原因，研究确实可行的对策，使之不再产生污染，从根本上予以解决。

可以采用的方法包括更换密封、涂胶、焊接、螺丝拧紧等方式。

② 控制式。对来自工艺过程的粉尘、碎屑等无法杜绝的污染物采用科学的方法进行收集或控制，防止飞散、蔓延。

比如，防护罩、收集器、废水处理系统、废弃收集装置等。具体可参见图6-1、图6-2改善前和改善后的效果图。

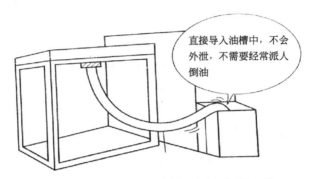

图6-1　改善前，污染源控制方法（收集式）不佳

图6-2　改善后，污染源控制方法（收集式）更好

（4）实施要点

① 污染或危险产生的源头要根除。

② 污染或危险的范围要局部化、极小化。

③ 改善成容易清扫的方式。

④ 改善成容易点检的方式。

⑤ 改善成容易润滑的方式。

⑥ 改善成容易拆卸（取出）的方式。

⑦ 改善成容易安装（放回）的方式。

⑧ 改善成容易修理的方式。

⑨ 改善成不需要维护和修理的方式。

（5）效果确认

案例1 某公司污染源对策及费用评估

评估人：米××　　　　　　　　　　　　　评估时间：　　年　　月　　日

序号	产生原因	应对策略	费用评估
1	地面质量差，坑洼太多，且脱落厉害，灰尘到处飞扬，不仅影响产品外观，而且清洁时费工（通信、橡缆主通道）	① 铺钢板； ② 铺水磨石； ③ 铺沥青（能承压，比较便宜，建议选择）； ④ 不变	略
2	很多设备管道陈旧，颜色脱落（通信、拉丝、炼胶）	① 专业公司喷漆：美观、质量好、时间短（建议选择）； ② 自己喷漆：不美观、时间长、费用相对便宜； ③ 不变，维持原装	略

案例2 某公司污染源治理对策

负责人：廖××　　　　　　　　　　　　　检查人：马××

类型		具体的处理方式	改善重点
发生源对策	杜绝式：不使其发生的方法 ① 杜绝发生； ② 消减发生	① 防止滴漏：密封式、封垫方式； ② 防止飞散：门、护盖的形状，飞散方向或形状； ③ 松弛、破损的修理； ④ 制程设计：无粉尘、密封轴承（无油化）、无研磨； ⑤ 防止堵塞、积存	① 去除； ② 擦拭； ③ 修理； ④ 停止； ⑤ 止住； ⑥ 减低
清扫困难处对策	收集式：收集或去除的方法 ① 集中方法； ② 去除方法	① 集尘能力、方法的重新修正； ② 去除、回收的方法； ③ 扫除道具、收集导板、承油盘形状及大小改善； ④ 洗净方法； ⑤ 切削粉的形状、大小、飞散方向、设备本体或基座的形状	① 不积尘； ② 集中； ③ 不发散； ④ 不携带； ⑤ 切削

安全的操作工具之四：危险预知法

1. 危险预知法操作内容

危险预知训练（KYT），全称危险预知活动，是针对生产的特点和作业工艺的全过程，以其危险性为对象，以作业班组为基本组织形式而开展的一项安全教育和训练活动，它是一种群众性的"自主管理"活动，目的是控制作业过程中的危险，预测和预防可能发生的事故。KYT起源于日本住友金属工业公司的工厂，后经三菱重工业公司和长崎赞造船厂发起的"全员参加的安全运动"，1973年经日本中央劳动灾害防止协会推广，形成技术方法，在尼桑（NISSAN）等众多日本企业获得了广泛运用，被誉为"零灾害"的支柱。

KYT有两个要点：一是形式；二是内容。

从形式角度看，KYT不是一种培训，而是一种小组讨论。

小组讨论的内容是什么呢？是危险性作业，而不是危险性状态。

企业活动当中有不少是危险性作业。比如，人工倒硫酸、两人抬重物、一人举重物、在湿滑的路上搬运东西或行走、站在梯子上修灯泡、搭载其他工具在空中修吊车等。

危险性作业不等于不安全行为，不安全行为是违规行为，而对于危险性作业，即使是不违规，也存在一定的危险性。KYT分析就是通过小组讨论，确认某个作业过程中所有潜在的危险因素，并针对危险因素制定具体对策，设定小组作业行动目标，避免事故发生。

2. 危险预知法操作要点

KYT共分为三个阶段：第一阶段，KYT前准备；第二阶段，KYT四步法；第三阶段，KYT表的应用。

第一阶段，KYT前准备。为了生动活泼地开展危险预知训练活动，讨论分析开始前，应对有危险的作业现象及可能引起的危险进行拍照，以制作成危险预知训练用图片。KYT活动时以班组为单位，一般每组5～6人。小组成员包括主持人、记录员、普通成员等。时间为半小时到两个小时不等。

第二阶段，KYT四步法。KYT共有四个步骤：分析潜在危险因素、确定主要危险因素、收集候选对策、确定行动措施。危险预知训练四步法如表6-4所示。

表6-4 危险预知训练四步法

序号	步骤	内容
1	分析潜在危险因素	针对议题（危险性作业），小组成员轮流分析、找出潜存的危险因素，并想象、预测可能出现的后果

续表

序号	步骤	内容
2	确定主要危险因素	① 在所发现的所有潜在危险因素中找出主要危险因素； ② 从主要危险因素中找出1～3项重大危险因素
3	收集候选对策	① 针对主要危险因素，每人提出具体、可实施的候选对策； ② 提出的对策必须在实践上切实可行，并且不为法规所禁止； ③ 提出的对策尽可能多，要充分发挥创意和发散性思维
4	确定行动措施	① 充分讨论，从候选对策中选出最可行、最值得实施的对策； ② 最终选出来的实施措施要全体通过才可以，因为这些措施要贯彻和落实到每个人

KYT讨论时，各位小组成员应该遵守三项原则。

① 积极参与。主持人应充分发挥组织和引导作用，调动每一个人发言的积极性，防止活动变成主持人唱独角戏。

② 流程严谨。严格按照KYT四步法进行讨论，按步骤一步一步实施。每个步骤必须达到所要求的目的，抓住重点，不能含糊不清。

③ 及时记录。记录员把员工的发言简明扼要地记录在纸上，以备查看。

把危险预知训练四步法的"讨论经过"总结归纳为KYT表。KYT表必须经过上级主管批示；KYT表经审批通过后，复印发给与该作业相关的所有人员，每人一份。

第三阶段，KYT表的应用。将讨论的KYT表和表中的安全作业要点进行应用时，形式有以下三种。

① 安全作业训练。以前班会、班中会和周安全活动的形式进行。如在作业进行有针对性的宣讲、确认，结合当班的作业项目和分工安排，学习或复习KYT分析表，对在具体的作业过程中可能存在的其他危险因素与防范措施进行补充。通过班组讨论、个人思考，达到理解以至会用。

② 分析能力训练。在具体作业过程中应用KYT分析表，掌握四步分析法，学习发现问题、分析问题、解决问题的方法，从而为日后进行其他危险性作业的KYT分析打下基础。

③ KYT表完善。在实施岗位KYT分析表的过程中，若发现或发生了表中未涉及的危险或防范措施，就应当结合问题，及时补充完善KYT分析表。

企业可以把KYT分析活动当成现场班组安全活动的一个重要形式进行推广，规定每个车间每月讨论一个课题，讨论完之后，将讨论结果整理成KYT表，进行讲解、训练和应用。以推行KYT活动为契机，将班组安全活动推向一个新高度。

 **某公司危险预知训练表**

日期：_____ 地点：_____

危险预知训练报告——起吊作业		
第一阶段：分析潜在危险因素		
第二阶段：确定主要危险因素		
○ ◎	序号	描述危险要因和现象（事故种类）
◎	1	左手握住钢丝绳，钢丝绳绷紧时会夹伤手指
○	2	看着货物操作开关，按错按钮后会造成货物压脚
◎	3	货物偏离吊钩中心，起吊时货物摇晃会碰伤员工
	4	起吊过程中钢丝绳断开，货物下落，压伤作业人员
○	5	不戴安全手套，钢丝绳划伤手
	6	无防脱钩设施，货物脱钩坠落，打伤作业人员
○	7	钢丝绳与货物间无衬垫，钢丝绳磨断，压伤作业人员
○	8	钢丝绳吊角角度大，拉力过大断裂，压伤作业人员
第三阶段：收集对策		
第四阶段：确定行动对策		

序号◎	重点*	具体措施
1	*	起吊时，用手掌心按钢丝绳
		起吊时，按货物上方的钢丝绳
2	*	起吊时，暂停，确认吊钩中心位置
		从纵横两个方向分析吊钩中心位置
		手指确认吊钩中心位置
安全作业要点		起吊时，用手掌心按钢丝绳 起吊前，暂停，确认吊钩中心位置

注：上表中在主要危险因素前画"○"符号，在最危险的因素前则画"◎"符号，在要实施的项目前做重点记号"*"。

安全的操作工具之五：安全检查表法

1. 安全检查表法操作内容

系统地对一个生产系统或设备进行科学的分析，从中找出各种不安全因素，确定检查项目，预先以表格的形式拟定好用于查明其安全状况的"问题清单"，作为实施时的蓝本，这样的表格就称为安全检查表。安全检查表是将一系列分析项目列出检查表进行分析，以确定系统、场所的状态，这些项目可以包括场所、周边环境、设备、设施、操作、管理等各个方面。在安全系统工程学科中，安全检查表是最基础、最简单的一种系统安全分析方法。它不仅是为了事先了解与掌握可能引起系统事故发生的所有原因而实施的安全检查和诊断的一种工具，也是发现潜在危险因素的一个有效手段和用于分析事故的一种方法。

（1）安全检查表的形式

① 提问式。检查项目内容采用提问方式进行。提问式安全检查表的一般格式如表6-5所示。

表6-5　××安全检查表

序号	检查项目	检查内容（要点）	是"√"否"×"	备注
检查人		时间	直接负责人	

② 对照式。检查项目内容后面附上合格标准，检查时对比合格标准进行作答。对照式安全检查表的一般格式如表6-6所示。

表6-6　××安全检查表

类别	序号	检查项目	合格标准	检查结果	备注
大类分项	编号	检查内容		"合格"打"√" "不合格"打"×"	

（2）操作内容

安全检查表的内容包括法律法规、标准、规范和规定。安全检查表分析是基于经验的方法，编制安全检查表的评价人员应当熟悉装置的操作、标准和规程，并从有关渠道（如内部标准、规范、行业指南等）选择合适的安全检查的内容。

① 安全检查表应按专门的作业活动过程或某一特定的范畴进行编制。

② 应全部列出可能造成系统故障的危险因素，通常从人、机、环境、管理四方面进行考虑。

③ 内容要简单、明了、确切。

（3）安全检查表的种类

安全检查表依据不同目的和不同对象，可编制多种类型的安全检查表。

① 根据检查周期不同，可分为定期安全检查表和不定期安全检查表。

② 根据检查的作用不同，可分为提示（提醒）安全检查表和规范型安全检查表。

③ 根据检查的使用对象不同，可分为项目设计审查、竣工验收、专业检查、厂级安全检查、车间安全检查、工段或岗位安全检查等安全检查表。

安全检查表常用的类型如下。

① 厂级安全检查表。此级安全检查表供全厂性检查使用，也可供有关部门进行安全性检查或预防性检查时使用，主要立足于全厂的安全管理。其内容包括厂所属各厂和有关部门的安全设施、安全装置、施工质量、灾害预防、危险品（如炸药、雷管等）的储存、运输和使用，以及有关规程的制定及执行情况。

② 车间级安全检查表。此级安全检查表供车间进行定期或不定期安全性检查和预防性检查之用，主要立足于车间的安全管理。其内容包括各工序安全、设备布置运行、施工质量、灾害预防、通风安全、粉尘防治、有毒有害气体检测、操作规程的编制与执行情况等。

③ 工段、班组（岗位）级安全检查表。此级安全检查表供工段、班组（岗位）进行自查、互查或进行安全教育使用，主要立足于具体的地点或工序。其内容应针对不同工段、班组（岗位）的实际工作确定。安全检查表的内容应具体，文字应简洁、明了。

④ 专业性安全检查表。此类安全检查表由专业机构或职能部门编制和使用，主要用于进行定期的或季节性的检查，如对电气设备、起重设备、压力容器、特殊装置与设施等的专业性检查。比如，"桥式吊车安全检查表""防治瓦斯突出安全检查表"就属此类。它的立足点是专业性的。

⑤ 设计（审查）用安全检查表。这种检查表专门供设计（审查）时使用。在设计前，为设计者提供设计用的安全检查表就是为了在设计时能把安全问题考虑进去。设计时，设计人员可参照安全检查表的内容进行安全设计，在安全人员参加"三同时"设计审查时，它可以作为审查的依据。制定该表时，应系统、全面地提出设计项目所应具备的标准状态和安全要求。

（4）安全检查表的编制依据与方法

安全检查表的编制依据如下。

① 国家和行业的安全规章制度、规程、规范和规定等。通过标准、规程和实际状况，使安全检查表在内容上和实施中符合法规要求。

② 在结合企业的经验及具体情况的基础上，进行系统安全分析的科学结论（确定的危险部位及防范措施）。由管理人员、技术人员、操作人员和安技人员一起，共同总结本企业生产操作的实践经验，系统分析本单位各种潜在的危险因素和外界环境条件，从而编制出完美的检查表。

③ 国内外、本企业事故案例。编制时，应认真收集以往发生的事故教训的资料及使用中出现的问题，包括同行业及同类产品生产中的事故案例和资料，把那些能导致

发生工伤或损失的各种不安全状态都一一列举出来。此外，还应参照对事故和安全操作规程等的研究分析结果，把有关基本事件列入安全检查表中。

安全检查表的编制一般采用经验法和系统安全分析法。

① 经验法。找熟悉被检查对象的人员和具有实践经验的人员，以"三结合"（结合工人、工程技术人员、管理人员）的方式组成一个小组。依据人、物、环境的具体情况，根据以往积累的实践经验以及有关统计数据，按照规程、规章制度等文件的要求，编制安全检查表。

② 系统安全分析法。根据对事故树的分析及评价结果来编制安全检查表。通过对事故树进行定性分析，求出事故树的最小割集，按最小割集中基本事件的多少，找出系统中的薄弱环节，以这些薄弱环节作为安全检查的重点对象，编制安全检查表。还可以通过对事故树的结构重要度分析、概率重要度分析和临界重要度分析，分别按事故树中基本事件的结构重要度系数、概率重要度系数和临界重要度系数的大小，编制安全检查表。

2. 安全检查表法操作要点

（1）安全评价操作步骤

① 确定检查对象。
② 收集与评价对象有关的数据和资料。
③ 选择或编制安全检查表。
④ 进行检查评价。

（2）安全检查表的编制与实施

① 确定系统。这指的是确定所要检查的对象，检查的对象可大可小，它可以是某一道工序、某一个工作地点、某一台具体设备等。

② 找出危险点。这一部分是制作安全检查表的关键，因安全检查表内的项目、内容都是针对危险因素而提出的，所以，找出系统的危险点是至关重要的。在找危险点时，可采用系统安全分析法，根据经验和实践等分析寻找。

③ 确定项目与内容，编制成表。根据找出的危险点，对照有关制度、标准、法规、安全要求等分类确定项目，并写出其内容，按检查表的格式制成表格。

④ 检查应用。放到现场实施应用、检查时，要根据要点中所提出的内容，一个一个地进行核对，并做出相应回答。

⑤ 整改。如果在检查中，发现现场的操作与检查内容不符时，则说明这一点已存在事故隐患，应该马上给予整改，按检查表的内容实施。

⑥ 反馈（补充完善）。由于在安全检查表的制作中，可能存在某些考虑不周的地

方，所以，在检查应用过程中，若发现问题，应马上向上汇报、反馈，进行补充完善。

（3）编制安全检查表的注意点

① 内容具体，简明扼要。
② 要突出重点。
③ 各类安全检查表都有其适用对象，不宜通用。
④ 各级安全检查项目应各有侧重。
⑤ 应由工程技术人员、安全管理人员和操作者等共同编制。
⑥ 不断修改、完善。

（4）使用安全检查表时的注意点

① 落实安全检查人员。企业（厂级）日常安全检查，可由安技部门现场人员和安全监督巡检人员会同有关部门联合进行。车间的安全检查，可由车间主任或指定车间安全员检查。岗位安全一般指定专人进行。检查后，检查人员应签字并提出处理意见以备查。

② 将检查表列入相关安全检查管理制度，或制定安全检查表的实施办法。如把安全检查表同巡回检查制度结合起来，列入安全例会制度、定期检查工作制度或班组交接班制度中。

③ 注意信息的反馈及整改。对查出的问题，凡是检查者当时能督促整改和解决的应立即解决；当时不能整改和解决的应进行反馈登记、汇总分析，由有关部门列入计划安排解决。

④ 按编制的内容，逐项、逐内容、逐点检查。问必答，有点必检，按规定的符号填写清楚，为系统分析及安全评价提供可靠、准确的依据。

案例1 某公司安全检查表分析

单　位：_____　　　　　　　装置设备、设施：__前段压缩机__

区　域：_____

分析人员：_____　　　　　　　时　间：__ 年 __ 月 __ 日

序号	检查项目	检查标准	未达标准的主要后果	现有安全控制措施	建议改正/控制措施
1	基础	① 表面无裂痕； ② 无明显沉降； ③ 地脚螺栓无松动、无断裂	设备损坏	大修时检查，紧固或更换	定期检查

续表

序号	检查项目	检查标准	未达标准的主要后果	现有安全控制措施	建议改正/控制措施
2	缓冲罐	① 无腐蚀减薄；② 出口无堵塞；③ 法兰、螺栓无严重锈蚀	① 耐压不够、爆炸；② 超压引起爆炸；③ 泄漏引起燃烧、爆炸	① 一年一次压力容器检测；② 操作工每2小时巡检一次；③ 常白班管理人员每天检查一次	
3	安全阀	① 到压起跳；② 安全阀能自动复位；③ 安全阀无介质堵塞	① 系统压力降低，操作不稳，财产损失；② 超压不起跳，引起爆炸	① 一年校验一次，安全阀有备件；② 一年校验一次	备用安全阀
4	活塞杆	① 磨损度在极限范围内；② 无裂纹；③ 活塞无异常声音	① 拉伤气缸、乙烯泄漏爆炸、财产损失；② 撞缸、乙烯泄漏爆炸、财产损失、人员伤亡	① 开车前盘车，大修时检查同轴、同心度；② 大修时无损探伤，检查余隙容度，检查锁紧螺母；③ 无损探伤，检查余隙容度	备活塞杆
5	填料	① 磨损量不引起乙烯向外泄漏；② 乙烯泄漏量≤250千克/小时	① 爆炸、人员伤亡、财产损失；② 资源消耗、财产损失	乙烯自动检测、报警，及时更换填料	
6	润滑油联锁系统	外部润滑油压力≥1.6千克/厘米^2	停机、抱轴、烧坏电机、财产损失、着火爆炸	每小时检查一次压力。压力小于2.0千克/厘米^{2}备用自动切换，压力小于1.6千克/厘米^{2}装置联锁。中、大修时校验联锁系统，每3个月检查一次在用油质量，不合格及时更换，平均每年更换一次	
		内部润滑油压力注入正常	停机、抱轴、烧坏电机、财产损失、着火爆炸	每小时检查一次压力。注油不正常时，现场手动调整注油量。油泵停运时，系统联锁停车，每批油检验合格方可使用	
7	压缩机进出口温度	① 各段吸口温度<50摄氏度；② 各段出口温度<130摄氏度	压缩机超温、气阀损坏、气活塞杆拉伤/着火爆炸	每小时巡检一次	

续表

序号	检查项目	检查标准	未达标准的主要后果	现有安全控制措施	建议改正/控制措施
8	电机	① 电流≤222安；② 各联锁点完好；③ 轴承无异声；④ 电机绝缘性符合要求	① 电机烧损，系统停车；② 电机烧损，系统停车，人员触电	① 电机人员每天巡检一次，操作人员每2小时巡检一次；② 自动监控；③ 每年检查绝缘性	
9	接地	接地线连接完好	人员触电	安全检查时检查	

安全检查记录表

检查类型：定期安全检查　　　　　　　　　　　　　编号：2016-001

单位名称	××道路桥梁工程有限公司	工程名称		检查时间	2016年　月　日
检查单位	项目部				
检查项目	施工现场				
参检人员	项目部×××、×××、×××				
检查记录： 1. 现场堆物杂乱，钢管、钢筋堆场未设标志牌，未架空或上架； 2. 生活区电线乱拖，未按规定架设； 3. 三人未扣安全帽带					
检查结论及复查意见： 1. 由套丝组负责清理现场钢管、钢筋的堆放，设立标志牌，安装组做好配合工作（一天内完成）； 2. 生活区必须规范架设电线，拆除宿舍内乱拖的电线，没收违章家电（由电工班组落实整治，一天前完成），各宿舍长负责保持合格状态； 3. 不扣安全帽每人罚10元，并进行安全自身保护教育 以上三条第二天复查，全部整改完成					
检查负责人：×××		复查人：×××		安全员：×××	
		复查日期：			

填表人：×××

安全的操作工具之六：专业保全法

1. 专业保全法操作内容

（1）专业保全的内容

为了保持设备的稳定和信赖度，以设备管理部门为中心而进行的设备管理活动称为专业保全。专业保全是设备使用部门在设备管理部门的指导和支持下，自行对设备实施日常管理和维护。专业保全活动以制造部门为中心，是每个作业者的活动：维持设备的基本条件(清扫、润滑、紧固)—遵守使用条件—依据点检使劣化复原—培养设备强有力的作业者—实现自主管理的目标。

通过反复进行教育、训练和实践，最终作业者能够按照自己参与设定的标准进行操作和对设备的管理。但是，长时间以来，国内许多企业形成"设备保全是专门保修人员应该做的事"的观念，即"我是生产人员，你是修理人员"的思考方式已经根深蒂固。因此，企业要想有效推行全员生产维修（TPM管理），首先要强调"作业者的专业保全"，即要在全员范围内形成"自己的设备自己负责"的观念；其次要让作业人员具备专业保全的能力。为了保证设备的健康运转，班组负责操作设备的人员在专业保全活动中以"防止劣化的活动"为中心，进行正确的设备操作及正确的换模换线、调整、基本条件(清扫、润滑、螺丝紧固)等工作。再次要进行"测定劣化的活动"，即依据确认设备使用条件及设备的日常点检、定期点检工作，及早发现异常的原因。最后是"劣化复原活动"，进行小整备(即简单的零件交换，异常时的应急措施)与异常的处理、联络。

专业保全活动的内容如下。

① 防止劣化。
- 进行有效的清扫、润滑、紧固等工作。
- 正确的操作(防止人为的错误)。
- 基本条件的整备。
- 调整(主要是运转的准备，产品更换上的调整，防止出现品质不良)。
- 记录保全数据，包括反馈维护保养(Maintenance Prevention，MP)，保全预防设计，以防止同样的问题再次发生。

② 对劣化进行测定。
- 日常点检。
- 定期点检。

③ 对劣化进行复原。
- 小整备(简单的零件交换，异常时的应急措施)。
- 故障及其他缺陷发生时迅速且正确地联络专业保全人员。

- 支援专业保全人员的突击性修理。

专业保全的本质如下。

① 清扫就是点检。通过和设备的"亲密接触",可以发现异常及缺陷。如松动、磨损、偏移、震动、声音异常、发热、漏油、漏水及漏气等。

② 设备日常管理制度化(8定)。

定人。明确设备操作者或专职的点检员。

定点。明确点检部位、项目和内容。

定量。定量化管理以及对劣化倾向的定量化测定。

定期。明确不同设备、不同关键点、制定不同的点检周期。

定标。明确是否正常的判断标准。

定项。指导点检按规定的要求进行。

定记录。包括点检记录、异常记录、故障记录及发展倾向记录。

定法。明确点检作业和点检结果的处理程序。

(2) 专业保全的阶段

自主设备管理的三个阶段是防止劣化、发现劣化、改善劣化的阶段。

① 防止劣化的阶段。防止劣化主要是对日常设备的检查。检查项目包括如下。

- 设备周边环境的整顿。
- 设备表面的清扫。
- 给设备上润滑油、能耗油。
- 螺丝的紧锁。
- 设备声音是否异常。

这些工作必须每天坚持不断地做,并保持记录。

② 发现劣化的阶段。发现劣化主要是定期检查,一般的企业实行的都是周检制。检查项目主要包括设备的精度、设备性能、设备的温度是否达到要求。这些检测主要通过仪器来进行,如果可以用肉眼看见的,必须随时注意。

③ 改善劣化的阶段。抢在设备故障出现前,对设备进行小维修,如更换油封、油圈这些措施。如果出现大的问题,员工不要自我处理,应请维修人员处理,员工可以在一旁协助、学习。

2. 专业保全法操作要点

(1) 设置专门的保全部门

为了确立设备管理技术,提高设备管理水准,设置专业的保全部门是必要的。维护专责部门因公司不同而有设备部、维修部、保养部等不同的名称,不仅在设备密集型企业有这种组织,而且在加工、组装行业也有这样的组织。设备管理部门,必须独立于制造部门,该部门应大力积累有关维护的经验与技术,建立有效率的体制。

因企业不同，这种专责单位的活动并不仅属于设备维修工作，设备投资计划、设备基本设计、建厂工作的现场监工等也包括在内。

（2）建立计划保全体制

建立与维护和工作有关的体系，如设备投资体系、计划保养体系，以及点检、资产、设备履历、技术、资料、训练、保养实绩等其他保养资讯体系，并使用计划评审技术（PERT）和关键路径法（CPM）来控制停机修理的进度，以及维护业务的负荷管理和预算管理等。保养作业的工作管理包括制定标准工时、设备规格书、图纸、工作报告等与设备有关的文件管理。

保全的组织方式可分为集中保全、分散保全和综合保全三种。

各种保全体制的对比如表6-7所示。

表6-7 各种保全体制的对比

类别	长处	短处	适合企业
集中保全	① 技术、技能的水平展开； ② 利于问题点深入发掘	① 运行部门的配合困难； ② 运行情报的搜集难	中小企业
分散保全	① 运行部门的配合良好； ② 保全对应的迅速化	① 技术、技能的水平展开困难； ② 人员投入多； ③ 换岗、轮岗困难	大规模企业
综合保全	① 运行部门的配合好； ② 容易做到的水平展开、深入挖掘	① 管理上存在问题； ② 换岗、轮岗要下功夫	机械行业

专业保全的七大步骤如表6-8所示。

表6-8 专业保全的七大步骤

步骤	推进目的	推进内容
初期清扫	培养发现缺陷的能力	① 通过"五感"来发现隐患和复原； ② 清扫、补油、紧固的实施； ③ 通过接触了解设备，提高发现、处理异常的能力； ④ 提高小团队的统率力
问题发现源及困难对策	培养改善的能力	① 找出污染源，并改善； ② 清扫、补油、紧固、检查等困难点改善； ③ 区分正常、异常，分析异常发生的原因； ④ 提高实施改善活动的能力，体会改善的乐趣和成就感
专业保全基准书的制定	培养防止劣化的能力	① 制定设备清扫、补油、检查的基准书； ② 培养遵守要求的能力，并保持这种能力； ③ 组员的责任、作用分担
总点检	培养理解设备构造，并能正确点检的能力	① 达到理解设备的机能及构造，理解作用点、加工点的水平； ② 学到的保全技能知识在实际的设备检查中运用； ③ 通过观察，将设备隐患明细化； ④ 确立通过"五感"来检查不良、故障的方法

续表

步骤	推进目的	推进内容
自主检查	自学正确的操作方法，处理异常的能力	① 理解工序的性能、调整方法、发生异常时的对策方法，提高操作可靠性； ② 在日常作业中，维持设备状态的体制建立； ③ 自主检查确认制度的形式、实施
标准化	管理4M和品质原因的能力	① 实行各种现场管理项目的标准化； ② 寻求维护管理的完全系统化； ③ 清扫、供油、检查的标准化； ④ 现场的物流基准化； ⑤ 数据记录的标准化； ⑥ 型治工具管理的基准化； ⑦ 充分有效地利用设备保全记录，建立预防保全
彻底的自主管理	构筑设备及现场管理的免疫体质	① 公司方针、目标的开展； ② 改善活动的稳定化； ③ 整理平均故障间隔时间（MTBF）分析记录，进行解析，并实行设备改善； ④ 以加强专业保全、个别改善工作为目标； ⑤ 建立小团队对生产线的质量、成本、交货期进行自主管理的体制； ⑥ 前6步的体制化、制度化

（3）提升设备保全技术

维护专责单位成员的教育训练是提升维护技术的基础，因此维护工程师的教育训练就成为维护管理中非常重要的一部分，尤其是随着工厂产品品质及生产效率的提升，工厂里安装了许多自动化设备，维护技能自然也被要求具备机电设备的对应能力。因此，教育训练课程的安排及教育训练时间的确保等都是各企业积极投入的重点。

专业保全前后对比图如图6-3、图6-4所示。

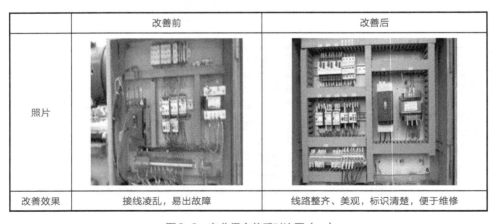

	改善前	改善后
照片		
改善效果	接线凌乱，易出故障	线路整齐、美观，标识清楚，便于维修

图6-3 专业保全前后对比图（一）

	改善前	改善后
照片		
改善效果	穿线管路易拉伤、损坏	穿线管路美观，不易拉伤

图6-4 专业保全前后对比图（二）

在设备方面，包括设备整个生命周期的所有活动都很重要。从设备的规划、设计、制作、维护、再生到诊断等设备技术的提升，都在加速进行中。

在设备诊断技术方面，要针对静止设备及转动设备分别开发出各种诊断技术和仪器设备，并且达到实用化，而人工智能设备也逐渐进入运用阶段。

第七章
素养的操作工具

素养的操作工具之一：自主改善

1. 自主改善操作内容

（1）自主改善要素

自主改善是指员工自己通过手段与方法的变更，使工作或结果变得更好，从而获得制度化的嘉奖，并使改善后的工作标准化的过程。

自主改善三要素如下。

① 主动：对我自己或我们的工作进行的改善。

② 改善：已经实施完毕的、使工作变得更好的改变。

③ 认可：获得上级认可并嘉奖，使改善后的工作标准化。

自主改善的"三现"主义：现地、现场、现实。

（2）自主改善的特点

① 奖励制度化。企业除了建立项目团队之外，必须有一套完善的奖励制度。奖励制度化就是要对发现问题的员工进行物质上或精神上的奖励，以此来提高员工不断改善的积极性。

② 鼓励自主改善。我们鼓励改善提案，但是只有改善可以实施并且付诸实施才是真正有价值的提案。项目团队要鼓励员工发现问题并解决问题。员工通过不断地实施改善，可以逐渐提高问题意识和工作能力。

③ 广泛接纳提案。项目团队不应该对提案内容做太多限制，应该鼓励员工针对企业的各个环节提出问题。对提案涉及事项的大小、重要程度也不应该做过多的约束，否则会影响员工的积极性，使某些本来可以发现的问题被遗漏。我们需要做的是将提案的格式标准化，既使员工的提案方便处理，又可以帮助员工填写提案的具体内容。

2. 自主改善操作要点

自主改善流程如图7-1所示。

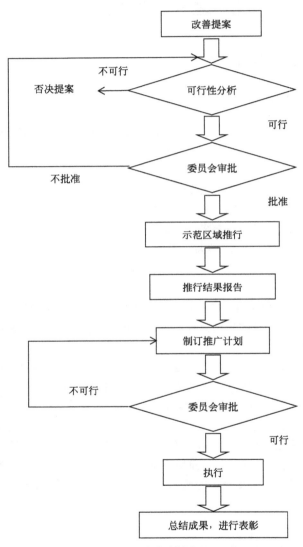

图7-1 自主改善流程

包钢员工自主改善：让成果覆盖每个角落

2014年年初，包钢出台《公司员工自主改善管理指导意见》；临近年尾，员工自主改善管理成果发布会隆重召开。身披绶带、手捧奖杯，一批批曾经默默无闻的基层职工，凭借聪明才智与灵巧双手，登上了令人瞩目的领奖台。包钢员工自我提高、自我创新、自我超越的主动性和自觉性得到有效激发，员工自主改善管理为包钢改革发展注入了一股强大力量。

制度保障，激发员工改善热情。公司启动员工自主改善管理以来，公司各条战线员工着眼实际，提出的自主改善建议涵盖公司生产经营、建设发展、改革管理等各个方面，每项建议从员工提交到成果归档要经历6个阶段28个环节。如此庞大、复杂的系统工程若要常态化、规范化运行，离不开一套完善的制度体系。员工自主改善管理全面推行之初，公司成立了推行委员会，确立"党委行政领导、运作，工会助推、全员参与"的推进模式。各单位根据公司部署和各自实际，制订本单位员工自主改善工作计划，形成上下整体联动的运作模式，为职工自觉发挥潜能撑起制度的桥梁。

与此同时，公司实行物质奖励与精神激励并行机制，不断激发员工自主改善热情。2014年11月24日，公司召开员工自主改善管理阶段总结表彰大会，许多在自主改善工作中涌现出的佼佼者，成为优秀成果奖的首批得主，6个获奖项目现场发布成果，真正发挥出榜样的力量。各单位也建立了奖励机制，保证奖励及时兑现，鼓舞员工迸发干劲儿，主动改善。炼铁厂设立专项资金，开设自主改善专项账户，确保有成果就及时兑现奖金；轨梁厂对员工自主改善成果给予物质奖励的同时，还在电子屏幕上"张贴"光荣榜，职工物质、精神得到双重滋养。

搭建平台，促进成果推广应用。2014年，公司办公自动化（OA）网诞生"员工自主改善电子平台"版块，自主改善项目通过网络实现了规范有序管理。电子平台录入了公司5万余名员工的基本信息，并在基层单位开展电子平台使用培训，让人人都可以通过电子平台提出改善建议。"员工自主改善电子平台"正式投入使用后，员工提出建议，车间初审，厂级复审，厂推进办公室复审，公司评审，全程实现网上操作。为确保改善建议能够真正运用到生产实际，公司还编制了《员工自主改善操作指南》，对成果实施进行指导和实操培训。

经过半年多的运行，"员工自主改善电子平台"收获果实。截至2014年11月21日，电子平台录入员工自主改善项目15625项，实施完成5804项，申报公司各级奖励3178项。许多改善建议实施后，给包钢既带来了经济效益，又衍生出社会效益。比如，焦化厂李××提出的"焦化废水处理新工艺"项目实施后，在大大节约运行成本的同时，还为公司环保水平的提高增添了新力量。

宣传引导，营造改善良好氛围。自主改善成为员工的工作习惯，需要营造良好的改善氛围。员工自主改善工作启动后，《包钢日报》开设了《员工自主改善知识问答》

专栏,为广大职工点亮了自主改善知识的明灯。为了让职工深刻认识自主改善工作的重要性和必要忄,公司采用报纸、电视、电子平台、员工自主改善简报等多种途径,大力推广自主改善先进经验和优秀成果,在全公司范围内营造出"赶学比超"全力推进自主改善的良好氛围。各单位将宣传动员工作延伸到一线车间、班组,传递到每一名职工,自主改善意识潜移默化地根植于每一位职工的心底,"人人要改善,人人学改善,人人会改善"的主人翁责任感和使命感得到持续激发。

素养的操作工具之二：晨会

1. 晨会操作内容

（1）晨会内容

晨会是上班后的第一项重要工作。公司晨会是指对企业文化宣传、现场6S管理培训、提升人员工作状态以及总结布置工作的一系列活动。

晨会的作用如下。

① 晨会是企业的风向标。如果员工连做晨会都三心二意不好好做,那么这个员工对待工作的态度肯定不会认真,工作也做不好。

② 通过晨会贯彻落实公司企业文化及规定。

③ 培养员工的学习意识。

④ 提升员工工作状态,提高工作效率,提高工作品质。

⑤ 让部门内的人员了解昨天本部门的工作情况及工作问题。

⑥ 布置当天工作及工作中的注意事项。

⑦ 传达公司精神、通知、指令性文件。

⑧ 调整员工工作态度,提高士气,营造良好工作氛围。

某服务型企业晨会图如图7-2所示。

图7-2 某服务型企业晨会图

（2）部门晨会

1）学习《6S现场管理手册》岗位常识

2）布置当天工作

① 讲评昨日工作。

② 表扬好的个人和事情。

③ 存在问题以及改正的方法。

④ 依据当天的工作任务，将任务分解到每个人头上。

⑤ 任务分配必须明确、具体、细化。

⑥ 任务注明完成时间、责任人、监督人。

6S项目组人员必须按时参加公司组织的所有晨会，对晨会流程及标准进行全过程检查、监督、评分、考核，并现场公布各部门检查评分结果。

2. 晨会操作要点

（1）晨会的操作步骤

1）整队

① 晨会时间。按公司规定的时间，全体人员提前2分钟站到晨会指定位置，部门领导清点人数，等待晨会，集合号完毕后未到达晨会地点的视为迟到。

② 指挥员在集合号结束之后，清点人数并整队（各部门领导向指挥员报告：××部门，应到×人，实到×人，××请假，××迟到；由现场6S管理项目组人员负责登记、核实）。

③ 队列要求。整齐划一，前后左右分别对齐，横成排、纵成列。

④ 全体人员成立正姿势（两脚并拢，两脚尖分开60度，双手垂直贴紧裤缝，双眼平视），严禁手插兜、抱胸等姿势。

晨会地点。公司指定场所，未经允许不得随意改动。

所有晨会指挥员在会前必须做好准备，熟悉晨会的内容事项，确保晨会效果。

各部门领导在6S项目组的统一安排下，轮流主持晨会。

2）唱公司歌（公司自己的歌曲）

指挥员起头和指挥。

3）开展晨会内容

公司相关事项处理、有关文件资料及规章制度的正确解读和学习贯彻。

（2）注意事项

① 晨会上严禁破坏性批评，指出不足之处时，应讲事实、摆证据、找方法，帮助员工成长。

② 晨会主要是打气，不能泄气，开完晨会要让团队的士气更加高涨。

③ 晨会上的评分和正负激励必须公平、公正、公开，以培养团队正气。

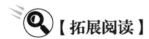【拓展阅读】

1. 晨会的价值

晨会的真正价值，应该是实现组织愿景和使命的有效工具和手段，既是战略落地的具体延伸，又是企业文化打造的实际细化。它的价值和意义如下。

① 统一团队的价值观。通过对组织中某些现象的评价，让员工清楚组织的原则是什么，底线是什么，提倡什么，反对什么。对提倡的行为要予以表彰鼓励，对反对的行为坚决予以惩处，以此将价值观根植于每个员工的心中。

② 保障战略目标的实现。企业的战略目标只有从内容上层层分解到个人，从时间上细化到年、月、日，再一件件落实，才能逐步实现。晨会正好可以通过检讨员工每天工作的进度，来落实战略的完成情况。

③ 部署重点工作。将当日的工作重点进行部署和强调，确保每个成员知悉，同时便于相互间的配合。

④ 提振员工的信心。一日之计在于晨，良好的精神状态是高效工作的前提，主管要利用好晨会，宣导正能量，增强员工的信心。

⑤ 培养雷厉风行的作风。每项工作要有安排、有检查、有追踪、有落实，让员工意识到工作必须落地，养成以目标为导向、工作无借口的习惯。

⑥ 促进成员技能的提高。通过内部成员对工作中的经验教训分享，敦促其他成员的借鉴和应用。

⑦ 解决信息的"肠梗阻"现象。将晨会作为信息交流的平台，及时传达公司的指示和精神，以及重大信息的反馈。

⑧ 建立主管的权威。通过员工整齐的队列，正确的站姿要求，以及队伍前主管的"位置"和训话来强化主管在员工心中的"地位"，天天点评员工，在员工的潜意识里就形成了主管的"领导地位"。

因此，一个科学合理的晨会，可以有效提升一个团队的凝聚力、执行力和战斗力，为迅速实现组织的愿景奠定坚实的基础。

2. 晨会常见的问题

① 公司决策层对晨会没有提到战略的高度，既没有晨会管理制度，也没有对晨会

形式、内容等做统一的要求，更没有衡量晨会质量的标准，因此出现了各自跟着感觉走的局面。

② 组织者认为晨会无所谓，没有意识到晨会的作用和对主管管理的重要性，只是在例行敷衍。

③ 有些企业虽然数年来一直在召开晨会，但从不对晨会进行检查、监控和总结，更没有配套的奖惩措施，久而久之，晨会便流于形式。

④ 有些主管尽管已经意识到了晨会的必要性，但苦于没有一套切实可行的方法，只能随波逐流。

⑤ 有些晨会只是一种单向会，主管一言堂，久而久之，员工也就失去了兴趣。

⑥ 有些企业虽然对晨会也做了要求，但核心却没有抓住，譬如连优劣点评都没有，点评意味着逼迫主管事先了解各部属的业绩情况等，否则无从评起；有些晨会则成了扯皮会，主管冲冠一怒，晨会取消。

3. 如何召开高效晨会

晨会既是战略落地的具体延伸，又是企业文化打造的实际细化。高效的晨会，需要目的明确、条理清晰、节奏紧凑、速战速决。具体可以考虑如下顺序。

① 个人汇报。各成员逐一汇报昨天重点工作的完成情况（只说结果，一件事一句话概括，对没完成的工作当众承诺二次完成时间），当日重点工作内容（可以考虑控制在3件事以内）。

② 主管点评。个人汇报完后，主管要对其工作情况进行点评，同时落实之前安排给他的工作进度。

③ 案例分享。内容可以是经验或教训的总结，也可以是学习心得（要保证团队每天有成员进行分享，可事先公布分享值日表）。

④ 主管对前一天工作的整体总结。简要总结昨天的工作情况，并通报最优和最差员工，同时结合身边的具体实例宣导企业的价值观。

⑤ 部署任务及提振信心。通报本部门当日或某阶段的重点工作及注意事项等，在表扬肯定的同时，鼓舞员工干劲。

⑥ 公司政令的宣导。包括重大信息的通报及制度概要的介绍或学习。

如果是生产类晨会，还需做一些事前准备。例如，第一步，提前到厂巡视生产现场，了解原料、设备、产品、人员等情况；第二步，查看值班记录（有夜班企业），对值班中出现的问题要事先了然于胸；第三步，查看班组交接记录，了解当班任务完成情况及注意事项；第四步，对公司新传达的管理规定、会议精神或重大事件进行简要整理；第五步，对前一天员工的优劣评价进行汇总分析；等等。

按以上步骤召开的晨会，一般在15分钟以内就能结束，也基本能够达到管理者的预期。

素养的操作工具之三：3U-MEMO法

1. 3U-MEMO法操作内容

改善提案是现场改善的一个重要工具，但是常常会找不到足够多的提案，而且许多人认为现场没有太多问题，根本提不出提案。要想有好的、多的提案，首先要有问题意识。问题意识，是指坚信现场有问题，而且坚信能够找到解决这些问题的方法。问题意识是6S素养的核心之一。有了问题意识，还要将这种问题意识发挥出来，并使用3U-MEMO记录表记录下来。

人的大脑是非常活跃的，无论是认真思考还是胡思乱想，总会突然产生一些自认为奇妙的想法。为了避免遗忘，我们应该随手写在纸上。许多人在睡觉前有思考和总结一天工作的习惯，在夜深人静的时候大脑可能比平时更加活跃，作为创意的积累，所以无论是什么，想到就记下来吧，然后找到机会并付诸行动。

在工作中更是需要如此，一旦我们偶然间意识到了现场的问题，为了弥补健忘的毛病，可以通过3U-MEMO记录表迅速记录下来。

某公司3U-MEMO记录如表7-1所示。

表7-1 某公司3U-MEMO记录

部门		姓名		日期	
观察对象					
问题描述					
改善设想					

3U：Unreasonableness（不合理）、Unevenness（不均匀）、Uselessness（浪费和无效）的英文简称。

MEMO：备忘录

不合理（Unreasonableness）。凡是工作现场不符合运营规范的状况，就是不合理。例如，注塑机的标准定额是每小时生产30个注塑件，但是为了赶进度，把注塑机的速率提高到每小时生产33个，这样一来，会导致生产的注塑件质量受到影响。

不均匀（Unevenness）。现场生产指标出现不正常的波动就是不均匀。例如，同一规格的产品的厚度忽厚忽薄，尺寸忽大忽小，指标忽高忽低，产品的质量非常不稳定，报废率高。

浪费和无效（Uselessness）。凡是现场实际消耗高于正常水平或者产出水平小于正常水平，就是浪费和无效。例如，生产线的标准速率为每分钟2米，但员工由于操作不熟练或因使用的原料不符合要求，速率只能达到每分钟1.5米，无法达到正常的要求，这样不仅影响产量，而且浪费资源。

2. 3U-MEMO法操作要点

3U-MEMO法的操作要点如下。
① 对现场、现物专注观察5分钟。
② 发现问题时立即做出记录。
③ 即使没有改善方案，也要养成记录的习惯。
④ 有答案时立即将结果填入表中。

在持续改善的过程中，备忘记录会越来越多，获得的改善建议也将越来越丰富，这时企业就需要及时加强知识管理。改造方案的推行过程，就是经验的累积过程。长期从事改善工作的管理人员，能成功地凭借直觉逐步找到问题点，并迅速拟订出合理的改善方案，为排除异常、解决问题打下坚实的基础。

企业长期积累的改善经验需要得到归纳总结，上升到管理科学的高度。企业建立了良好的知识管理制度，就可以使解决问题的过程步骤化、标准化。这样，企业的持续改善将不仅仅依赖于管理人员个人经验的丰富程度，即使是新来的管理人员，也可以在参考企业原有知识积累的基础上，提出新的改善方案。

通过现场观察发现问题有两种方法：一是巡视法；二是位置固定法。

巡视法是带着问题意识，用怀疑的眼光巡视现场，发现问题，分析问题。

位置固定法是站在现场不动，5分钟时间内目不转睛地看着某一个方向、某一件工位或某一件事。认真观察每一个细节，思考它是否正常、是否有改善的余地。

观察自己的工作现场，发现问题（不合理、不均匀、浪费和无效）时就做记录，把3U-MEMO法作为改善的日记和起点。即使没有改善方案，只有问题，也要养成记录的习惯，借此提升自己的洞察力和思考力。

某企业生产车间班组3U-MEMO检查表

项目	作业者	机械、设备	材料
勉强	① 作业人员是否太少； ② 人员的调配是否适当； ③ 能否工作得更舒服一点； ④ 能否更为清闲一点； ⑤ 处理方法有无勉强之处	① 机械的能力是否良好； ② 机械的精度是否良好； ③ 计量器具的精度是否良好	① 材质、强度有无勉强之处； ② 有无难以加工之处； ③ 交货期是否有勉强之处
浪费	① 有无"等待"的现象； ② 作业空暇是否太多； ③ 有无浪费的移动； ④ 工作的程序是否良好； ⑤ 人员的配置是否适当	① 机械的转动状态如何； ② 钻模是否妥善地被活用； ③ 机械的加工能力（大小、精度）有无浪费之处； ④ 有无进行自动化、省力化； ⑤ 平均的转动是否适当	① 废弃物是否能被加以利用； ② 材料是否剩余很多； ③ 修正的程度如何； ④ 有无再度涂饰

续表

项目	作业者	机械、设备	材料
不均	① 忙与闲的不均情形如何； ② 工作量的不均情形如何； ③ 个人差异是否很大； ④ 动作的联系是否顺利，有无相互等待的情形	① 工程的负荷是否均衡； ② 有无等待的时间、空闲的时间； ③ 生产线是否平衡，有无不均衡的情形	① 材质有无不均的现象； ② 有无发生歪曲的现象； ③ 材料是否能充分地供应； ④ 尺寸、精度的误差是否在允许的范围之内

素养的操作工具之四：5W1H技术

1. 5W1H技术操作内容

5W1H是对选定的项目、工序或操作，都要从原因（何因Why）、对象（何事What）、地点（何地Where）、时间（何时When）、人员（何人Who）、方法（何法How）等六个方面提出问题，进行思考。

① 对象（What）——什么事情。公司生产什么产品？车间生产什么零配件？为什么要生产这个产品？能不能生产别的产品？到底应该生产什么？例如，如果这个产品不挣钱，换个利润高点的产品生产好不好？

② 场所（Where）——什么地点。生产是在哪里干的？为什么偏偏要在这个地方干？换个地方行不行？到底应该在什么地方干？这是选择工作场所时应该考虑的问题。

③ 时间（When）——什么时候。例如，这个工序或者零部件是在什么时候干的？为什么要在这个时候干？能不能在其他时候干？把后工序提到前面行不行？到底应该在什么时间干？

④ 人员（Who）——责任人。这个事情是谁在干？为什么要让他干？如果他既不负责任，脾气又很大，是不是可以换个人干？有时候换一个人，整个生产就有起色了。

⑤ 为什么（Why）——原因。为什么采用这个技术参数？为什么不能有变动？为什么不能使用？为什么变成红色？为什么要做成这个形状？为什么采用机器代替人力？为什么非做不可？

⑥ 方式（How）——如何。手段也就是工艺方法。例如，我们是怎样干的？为什么用这种方法来干？有没有别的方法可以干？到底应该怎么干？有时候方法一改，全局就会改变。

2. 5W1H技术操作要点

① 理解与运用Where。当事件发生的时候，首先要知道的是，事情发生在哪里。这就是我们所说的第一层意思用它来分析。这还不够，当第一个5W1H分析循环结束

后，还得根据分析的结果，然后用第二个循环来安排后续在哪里做更合适。

② 如何理解与运用When。当事件发生的时候，必须清楚知道事件发生的具体时间，同时考虑前后生产产品的关联性，以便后续为需要对产品进行区分做好准备。同样，这就是所说的第一层意思用它来分析。当第一个5W1H分析循环结束后，还得根据分析的结果，再用第二个循环来安排后续需要什么时候做更合适。

③ 如何理解与运用Who。当事件发生的时候，应该很清楚地知道，发生时谁在做这件事情，要考虑做这件事情的人员与事件的关联性，以便得出其他方面是否有潜在的问题存在。这也就是所说的第一层意思用它来分析。和上面一样，当第一个5W1H分析循环结束后，还得根据分析的结果，考虑后用第二个循环来安排后续由谁来做更合适。

④ 如何理解与运用What。通过上面的3W，基本已经可以弄清事件的对象，然后把前面3W综合起来描述整件事情的经过，做一个简单的事件总结。同时，在后续如何处理描述时，就按照以上分析3W的方法，安排好对后续工作的描述。

⑤ 如何理解与运用Why。所谓Why，即根据上面的分析，找出问题的真正原因所在，以便为后续的How做好准备。同时，由于生产现场管理人员的经验及知识面的不足，对事情做不出真正原因的分析，这是正常的，找不出原因时，也不用着急，但前面的4W必须弄清楚，以便上级或其他单位分析出真正原因时执行。

⑥ 如何理解与运用How。把整个事件的对象都描述清楚后，我们必须考虑临时的对策是什么，如先后生产的产品是否需要隔离研究处理等。同样，我们要考虑后续长远的对策是什么，根据具体情况考虑是否形成相关的标准文件，规范后续不要再发生类似的事件，或记录到相关的生产机种的生产履历中，对后续的生产起到警示作用。

计划工作的任务，就是根据社会的需要以及组织的自身能力，确定组织在一定时期内的奋斗目标；通过计划的编制、执行和检查，协调和合理安排组织中各方面的经营和管理活动，有效地利用组织中的人力、物力和财力资源，以取得最佳的经济效益和社会效益。

图书馆自习室打扫卫生

图书馆是个大集体，是学习的集中区。在图书馆自习室学习的同学会带很多吃的、喝的东西，然而在离开时却不记得要带走垃圾并放入垃圾篓，包括一些草稿用的纸张也随意丢在桌上，这给清洁阿姨带来巨大的麻烦。怎样快速合理打扫好自习室成为一大难题。对此，小组讨论如下：

考察点	第一次提问	第二次提问	第三次提问
目的	做什么：打扫自习室	是否必要：必要	有无其他更合适的对象：没有
原因	为何做：营造一个良好的学习环境	为什么要这样做：使学生有个干净舒适的地方进行学习	是否需要做：非常需要

续表

考察点	第一次提问	第二次提问	第三次提问
时间	何时做:每天都要打扫清理。时间为上午9:00,晚上8:00	为何需要此时做:此时员工上下班	有无其他更合适的时间:有。在学生未到之前或离开以后,这样就不会打扰到学生
地点	何处做:两个自习阅览室	为何要在此处做:此处人多、垃圾多	有无其他更合适的地点:没有
人员	何人做:清洁工	为何需要此人做:她们的工作	有无其他更合适的人:上自习的学生自己打扫用过的地方或者学生既勤工俭学,又可以自习
方法	如何做:一个个桌子层层递推扫出来	为何需要这样做:这样节省时间	有无其他更合适的方法与工具:各分扫间的阿姨集中在一起一间间打扫

素养的操作工具之五:改善提案法

1. 改善提案法操作内容

改善提案是发动员工,针对现场、现物、现实的问题提出解决方案的活动。改善提案活动是6S活动的一种高级形式,也可以独立于6S成为一个单独的改善活动。

改善提案活动强调的观念是:每一件工作,都能有很大的改进空间,改善是无止境的,要通过"改进、维持、进一步改进"的循环,把事情做得越来越好。

6S改善提案的内容包括物品的放置方法、消除长期污染源、改进清扫工具、改善危险源与安全隐患等。

通过开展改善提案活动,可以提升员工发现问题、分析问题和解决问题的能力。

另外,现场人员在参与改善提案活动的过程中会产生成就感、自信心,增强归属感及被尊重感,这种良好的感觉反过来会提升、提高其改善、创新的积极性,更充分地发挥员工个人的创造力。

6S改善提案的议题主要是进行现场改善,随着提案内容的实施,工作现场的改善会逐渐趋于完善;随着提案数量越来越多,企业现场改善的程度就会越来越大。

2. 改善提案法操作要点

(1)提案的提出流程

① 提案人。不限对象,但一般以班组长及其以下的一线员工为主。
② 提案方向。以员工日常改善为主,强调对"自己工作的改善"。
③ 提案表。由提案人填写。

④ 提案箱。设在人员往来较频繁的地方，提案箱也可以是专设的电子邮箱。

⑤ 改善商谈。改善商谈即方案评审，如果经评审不予受理，则在提案表上写明评价意见后退回提案人。提案受理后可以一次复印几份，副本可送审查人员和督导人员使用，也可给提案人一份，以证明提案已被受理。

（2）做好改善提案活动的注意事项

1）不要依赖提案箱

许多公司都设置了提案箱，但却没有人提案，提案箱逐渐变成了一种摆设，使得提案箱模式无助于改善提案活动的开展。因此，要想让提案活动成功地推行，必须有强制性的标准，要规定每个部门甚至每个员工，每个月的提案需要达到的数量。为了实现这个目标，企业有关领导和部门主管就要主动催促、引导员工参与提案活动，积极调动员工参与提案活动的积极性。

2）要鼓励员工从问题着手，而不是直接思考提案

对许多人来讲，直接要求他们提出提案有些不现实，但是如果让大家指出现场存在的问题，那么大多数员工就都能侃侃而谈。所以，我们要鼓励员工首先提出问题，然后再引导他们针对这些问题，想出解决对策，这样逐渐完善提案。

3）要以改善为主，而不是以提案为主

改善提案一般有两种：一种是建议性提案；另一种是改善性提案。

① 建议性提案类似于我们日常所说的合理化建议。员工提出建议，公司或其他部门实施。比如，提议如何改善食堂伙食、如何改善审批流程等。

② 改善性提案是员工先进行现场改善，然后再将这种改善总结成提案。比如，员工改进工具箱中工具的放置方法、员工修整有安全隐患的地面突出物等。改善性提案强调员工个人的动手改善，这类改善是企业所大力提倡的。

4）提案格式要标准化

企业要统一改善提案报告的格式，至少要包含一些基本性内容，如问题描述、对策建议、实施效果等。如果没有标准格式，员工会写得非常简单，这不利于员工清晰表达自己的思路与做法，也不利于企业进行知识积累。这种标准格式，可以引导员工进行结构化思考、结构化描述，让改善提案活动更深入、更规范。

5）要重视小改善

有些企业在开展改善提案活动之初，还能够收集到一些改善提案，但随着时间的推移，提案数量越来越少，原因之一就是改善提案过分专注于提案所带来的经济效益，而忽视了日常中小的改善，忘记了改善提案的第一目的是培养全员参与的氛围、提升员工素质，而经济效益只是改善提案活动的第二目的。要将改善提案活动活性化，鼓励大家不局限范围重视小课题，只要是能够比现况提高一步即可。哪怕是能节约一分

钱、缩短一秒钟的作业时间都可以作为提案提出来，以达到现场改善的目的。比如，有些外资企业将除掉设备上的一块锈斑、修整玻璃窗上的胶条、拧紧设备上松动的螺丝等这些细小的改善活动都当成改善提案的活动内容。这点非常值得我们学习，将工作现场的每一个细节都作为提案的部分内容提出，将现场完善到最好。

6）引入奖励和推动机制

改善提案无法持续开展的又一原因是缺乏有效的考核与奖惩体系。从理论上讲，改善提案活动是员工自动自发参与的一种活动。但是，我们必须建立一套有效的奖惩体系。6S改善提案活动的奖励机制分为两个方面：一是对提案人的奖励；二是对部门的考核奖惩。另外，很多优秀的企业为了提高员工改善提案的意愿，采取了许多活性化办法。比如，部门提案件数竞赛、个人提案件数龙虎榜、优秀提案展示报告会、提案改善园地的制作等。某外资企业的老总曾经说过："衡量一个企业是一般还是优秀，只需看企业墙上张贴的是制度还是改善案例就知道了。"优秀企业到处张贴的是员工的改善实例，培养员工有强烈的改善意识，并确确实实地改善企业内的不良与浪费。

（3）改善提案遇到的问题与解决对策

第一，现场的改善提案活动容易陷入低潮。在企业实施提案改善的过程中，最初大家都比较有积极性，但过了不久，提案改善就陷入了低潮。原因是什么呢？这就要从两方面进行分析，提案改善处于低潮，有员工的原因，也有管理者的原因，哪点都不能忽略。

人的惰性使人们总是满足于现状，而不想进行创新。要想使提案改善活动按部就班地进行下去，就要消除员工的消极情绪，使活动的形式更加活泼化，如进行教育训练，制作一些宣传海报和刊物，在公司的布告栏里公布提案改善荣誉榜，举办提案改善发表会等，让员工有更多机会表现自己。同时，一定的物质奖励是必需的。对于获奖的员工，每月都要把奖金发放到位。对于在提案改善活动中表现突出的员工，应给予提拔或者物质奖励。对于所采用的方案要切实地实施，一方面是对员工的肯定，另一方面能提高企业运作的效率，还能使提案改善活动继续进行下去。

第二，6S改善提案中亮点不足。有些企业重视全员参与、提案数量，但提案常常无法产生太大效益，这些提案尽管解决了管理中存在的一点问题，但是不太有亮点。要通过提升现场管理人员、现场技术人员、现场作业者的积极性，来提升改善提案的质量。

管理人员和技术人员因为视野广、思想境界和受教育程度高，他们的提案往往含金量更高。许多公司在改善提案活动过程中实行奖酬机制，却只能带动普通员工的热情，却无法引起管理人员和技术人员的关注。因为，大多数企业在奖酬机制中规定管理、技术岗位等人员的提案属于工作职责范围，因而不给予奖励。所以，为了避免管理人员、技术人员不参与的状态，应该改变这种规定，无论是职责范围内还是职责范围外，只要能为企业创造效益，都是好的提案，都应该奖励，可将奖励的比例稍做调整，以示区别。只有找到适合管理人员、技术人员的激励机制，才能发挥他们的积极性，从而得到含金量较高的提案。

第三，找不出现场问题，写不出提案。提出改善提案的基础是发现现场的问题，但有些人往往发现不了问题，或者将现场的问题当成一种必然存在的现象，见怪不怪。面对这一问题，我们应该鼓励员工加强现场观察，让观察现场作为发现问题的第一手段，并应用3U-MEMO（现场改善中使用的一种备忘录，一般称为"三不"备忘录）记录表进行记录，分析并找出原因和解决措施。找出问题的另外一个方法就是找一张纸，罗列出能够想象到的现场的各种问题。对每个问题进行认真思考、分析，找出一个值得并能够进行改善的问题，并针对选出的问题，进行深度思考与现场再次观察，找寻可解决的对策。

这两种方法有一个共同的特点，就是把问题写在纸上。写在纸上的过程，也就是整理思路的过程，是提出改善提案的起点。

某矿业有限公司厂务部自主改善提案管理

1. 自主改善提案的范围

自主改善提案的范围，必须属于自己所在班组的业务范围之内。

① 本班组课题改善圈活动的改善工作。
② 员工自己的业务改善。
③ 办事能力的提高和管理方式的改进。
④ 节省材料、能源、经费的提案。
⑤ 现场工作方法改善的提案。
⑥ 安全生产、环境保护的提案。
⑦ 提高产品质量、降低生产成本的提案。
⑧ 生产工程改善和售后服务的提案。
⑨ 生产设备、技术、工艺革新的提案。
⑩ 6S、全员生产保全（TPM）活动中的不合理改善、改进（不合理发现）。

以下内容不属于自主改善提案的范围。

① 有关公司基本规定的事项（薪酬制度、福利待遇、劳动纪律等）。
② 个人不满的情绪，服务投诉类。
③ 日常的重复性工作。
④ 不属于自己所在班组的业务范围之内的事项。

2. 提案提交的要求

（1）各部门/车间

① 提案人填写"提案报告表"时，字迹工整、表达清楚、条理分明、有理有据，

按表格要求填写完毕后并按期送交本班班组长/车间主任，进行车间/班组内初审。

② 对车间/班组内的提案进行收集、初评后，在每个月20—25日（节假日顺延）交给自主改善提案推行办，逾期上交的提案依次类推至下月度参与评比。

③ 各部门/车间要建立提案管理台账，对自主改善提案进行归档管理。

（2）自主改善提案推行办

① 于次月3日前（节假日顺延）完成各车间/班组上报自主改善提案的复评工作。

② 于次月5日前（节假日顺延）制作"厂务部自主改善提案奖励金一览表"，依据公司领导对本制度的批复，向财务部申请奖励金。

第八章

6S管理提升工具

一、6S管理提升工具之一：PDCA循环

1. PDCA循环操作内容

PDCA循环是美国质量管理专家戴明博士首先提出的，所以又称戴明环。全面质量管理的思想基础和方法依据就是PDCA循环。PDCA循环的含义是将质量管理分为四个阶段，即计划（Plan）、执行（Do）、检查（Check）、处理（Action）。在质量管理活动中，要求把各项工作按照做出计划、计划实施、检查实施效果，然后把成功的经验加以肯定并形成标准，不成功的留待下一循环去解决，这是质量管理的基本方法，也是企业管理各项工作的一般规律。

① P (Plan) 计划。包括方针和目标的确定，以及活动规划的制订。

● 计划是分析过去的事实，提出未来的假设，据以设计行动的方案，使能实现预期的目标。

● 计划阶段，分为找出存在问题的原因、分析产生问题的原因、找出其中主要原因、拟订措施计划（预计效果）四个步骤。

② D (Do) 执行。根据已知的信息，设计具体的方法、方案和计划布局，再根据设计和布局进行具体运作，实现计划中的内容。

一种情况是做对的事(Do Right Thing)，另一种情况是把事做对(Do Thing Right)。做事的优先次序：首先，要找对问题，做对计划；其次，再把计划的事做好做对，执行出真知。

③ C (Check) 检查。总结执行计划的结果，分清哪些对了、哪些错了，明确效果，找出问题。

追踪计划是否落实，执行是否彻底，预期效果是否体现。如执行过程效果不良，马上考虑修改计划，做第二次改善，再确认效果。

④ A (Action) 处理。对总结检查的结果进行处理，对成功的经验加以肯定，并予以标准化；对失败的教训也要总结，并引起重视。对于没有解决的问题，应提交给下一个PDCA循环去解决。

广泛检讨，汇集各方意见，拟订下一阶段的工作计划或行动方案。

以上四个过程不是运行一次就结束，而是周而复始的进行，一个循环完了，解决一些问题，未解决的问题进入下一个循环，这样阶梯式上升。

PDCA循环是全面质量管理所应遵循的科学程序。全面质量管理活动的全部过程，就是质量计划的制订和组织实现的过程，这个过程就是按照PDCA循环，不停地周而复始地运转。

PDCA循环的基本模式如图8-1所示。

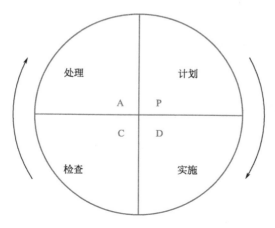

图8-1 PDCA循环的基本模式

PDCA循环的特点如图8-2所示。

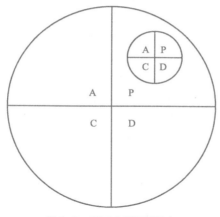

图8-2 PDCA循环的特点

2. PDCA循环操作要点

PDCA循环操作要点的主要内容有以下几点。
① 分析现状，发现问题。
② 分析质量问题中各种影响因素。
③ 找出影响质量问题的主要原因。
④ 针对主要原因，提出解决措施并执行。
⑤ 检查执行结果是否达到了预定的目标。
⑥ 把成功的经验总结出来，制定相应的标准。
⑦ 把没有解决或新出现的问题转入下一个PDCA循环去解决。

案例 野马的成功营销

1964年,福特汽车公司生产了一种名为"野马"的轿车。产品一经推出,购买人数就创下美国纪录。各地纷纷成立"野马"车协会,甚至很多商店出售的墨镜、帽子、玩具等都被贴上了"野马"的商标。是谁成功地驾驭了这匹"野马"?是谁塑造了"野马"轿车的成功营销?

著名营销专家亚柯卡担任福特汽车公司副总裁兼福特总经理后,便计划生产一种受顾客欢迎的新型汽车,这一想法是对消费市场进行充分调查分析后产生的。

首先,亚柯卡在欧洲了解福特汽车公司生产的"红雀"牌汽车销售情况时,发现"红雀"汽车太小了,又没有行李厢,尽管省油,但外形不漂亮,不实用。如不尽快推出一种新型畅销车,福特汽车公司将有被竞争对手击败的危险。

其次,20世纪60年代,20岁左右的年轻人增长了50%。根据这一统计,福特汽车公司预计,今后10年汽车销售量将大幅度增加,目标人群主要是年轻人。

最后,随着时代的变化,年纪较大的买主,已从满足于经济实惠的车型,转向追求样式新颖的豪华车。

综合以上信息,福特汽车公司初步形成了一个新产品轮廓,即要推出一部适合"饥饿市场"的新产品,其特点是式样新、性能好、可载4人、不太重、价格便宜(不超过2500美元)。

① 产品。车型独树一帜,车身容易辨认,更容易操作。具备行李厢,外形像跑车。它比一般经济型车多了圆背座椅、装饰、车轮罩及地毯。外表也非常有特色:车身白色,车轮红色,后保险杠向后弯曲形成一个活泼的尾部,简直就是一匹"野马"。

② 品牌。取什么名字来吸引顾客呢?广告策划人认为,美国人对第二次世界大战中"野马战斗机"的名字如雷贯耳,用"野马"做新型车的名字,将极有吸引力,不仅能彰显车的性能和速度,而且适合美国人尤其是年轻人放荡不羁的个性。随后,广告策划人又为新车设计了一个标识——一个奔驰中的野马模型。

③ 定价。为了确保车的价值和被认可程度,在新车推出之前,公司邀请了52对夫妇,将他们分成若干小组,分别带进样品陈列室参观,并听取他们的意见和想法。亚柯卡请他们估计一下车价,几乎所有人都认为要1万美元,并表示不会购买。但是,当亚柯卡宣布车价在2500美元上下时,大家都惊呆了,纷纷欢呼道:"我们要买这部车。"摸透消费者的心理后,亚柯卡把车定价为2368美元,同时拟订了一系列促销方案。

经过一系列铺天盖地的营销活动,"野马"风靡全美。新车上市的第一天,就有4万人涌到福特代理店购买,一年之内销出118118辆,创下福特最高销售纪录。

6S管理提升工具之二：目标管理法

1. 目标管理法操作内容

目标管理是根据目标来指导企业进行生产经营活动的管理方法，是企业在某一特定时期内，按照既定目标，采用指导、启发、激励、自我控制等方法，把企业全体员工动员组织起来，以求实现预期的活动结果的过程。

目标管理法的操作内容包括以下几点。

（1）要有目标

首要关键是设定战略性的整体总目标。一个组织总目标的确定是目标管理的起点。此后，由总目标再分解为各部门、各单位和每个人的具体目标。下级的分项目标和个人目标是构成和实现上级总目标的充分而必要的条件。总目标、分项目标、个人目标，左右相连，上下一贯，彼此制约，融汇成目标结构体系，形成一个目标连锁。目标管理的核心就在于将各项目标予以整合，以目标来统合各部门、各单位和每个人的不同工作活动及其贡献，从而实现组织的总目标。

（2）周密计划

目标管理必须制订出完成目标的周详严密的计划。健全的计划，既包括目标的订立，又包括实施目标的方针、政策以及方法、程序的选择，使各项工作有所依据，循序渐进。计划是目标管理的基础，可以使各方面的行动集中于目标。它规定每个目标完成的期限，否则，目标管理就难以实现。

（3）相互为用

目标是组织行动的纲领，是由组织制定、核准并监督执行的。目标从制定到实施都是组织行为的重要表现。它既反映了组织的职能，同时又反映了组织和职位的责任与权力。目标管理，实质上就是组织管理的一种形式、一个方面。目标管理使权力下放，责、权、利统一成为可能。目标管理与组织建设必须相互为用，才能互相为功。

（4）管理意识

认识到自己是既定目标下的成员，促使人们为实现目标积极行动，努力实现自己制定的个人目标，从而实现部门的单位目标，进而实现组织的整体目标。

（5）有效配合

考核、评估、验收目标执行情况，是目标管理的关键环节。缺乏考评，目标管理就缺乏反馈过程，目标管理的目的即实现目标的愿望就难以达到。

虽然推行6S管理的目的是从事改善，但是若每一位从事改善的人员，缺乏目标的指引，则改善的成效也有限。因此，推行组织应确定明确的改善目标，以指引每一位员工积极行动，同时能正确领导所有的改善活动，向既定的目标迈进。

目标管理的作用包括以下几点。

① 保持组织正确的运行和发展方向。
② 提高组织整体合力。
③ 增强组织发展动力。
④ 使组织管理突出系统性、重点性和激励性。
⑤ 成为业绩评价的主要手段。
⑥ 使人克服懈怠的心态。
⑦ 使人专心致志。
⑧ 使人产生激情。
⑨ 使人区分轻重缓急。
⑩ 使人节省时间。
⑪ 使人确认价值的重要性。
⑫ 使人提高办事效率。
⑬ 使人继续勇往直前。

设置的目标应该具有以下特点。

① 可测量。其成果可以计量。
② 有期限。可以规定其达到的时间。
③ 定责任。可以确定执行者的责任。

目标设立的注意事项如下。

① 目标的设立、展开和分解应充分考虑到企业和各部门以及车间的现实情况，目标指标不能定得过高或过低，适宜的目标应是经过努力可以达到的。
② 目标的阶段性分解应从易到难、循序渐进，逐步达到最终目标的要求。
③ 每个阶段对目标成果进行评价总结与考核，对表现好的单位和个人进行表彰奖励，以鼓舞士气，坚定大家的信心。

2. 目标管理操作要点

（1）实施程序

① 设立目标。制定企业的总目标。
② 展开和分解。根据企业总目标，形成企业阶段性目标和各部门、各车间的目标。
③ 组织实施。各级领导为了完成目标，组织部署工作。
④ 培训指导。传授方法，调动积极性，实施指导。

⑤ 检查调整。在实施过程中，检查、修正并反馈。
⑥ 评估表彰。评价完成结果，表彰先进。

（2）目标展开与分解

目标按下列两个步骤展开。
① 分析和寻找影响上级目标实现的主要制约因素。
② 确定保证措施，据此形成数个确保上级目标能够实现的子目标。

目标按下列两个步骤分解。
① 将上级目标分解到不同的部门、产品或时段。
② 据此形成数个组成上级目标的分目标。

 某机床厂目标管理

某机床厂从1981年开始推行目标管理。为了充分发挥各职能部门的作用，充分调动1000多名职能部门人员的积极性，该厂首先对厂部和科室实施了目标管理。经过一段时间的试点后，逐步推广到全厂各车间、工段和班组。多年的实践表明，目标管理改善了企业经营管理，挖掘了企业内部潜力，增强了企业的应变能力，提高了企业素质，取得了较好的经济效益。

按照目标管理的原则，该厂把目标管理分为三个阶段。

第一阶段：目标制定阶段

1.总目标的制定。该厂通过对国内外市场机床需求的调查，结合长远规划的要求，并根据企业的具体生产能力，提出了201×年"三提高""三突破"的总方针。所谓"三提高"，就是提高经济效益、提高管理水平和提高竞争力；所谓"三突破"，就是指在新产品数目、创汇和增收节支方面要有较大的突破。在此基础上，该厂把总方针具体化、数量化，初步制订出总目标方案，并发动全员工反复讨论、不断补充，送职工代表大会研究通过，正式制定出全厂201×年的总目标。

2.部门目标的制定。企业总目标由厂长向全厂宣布后，全厂就对总目标进行层层分解、层层落实。各部门的分目标由各部门和厂企业管理委员会共同商定，先确定项目，再制定各项目的指标标准。其制定依据是厂总目标和有关部门负责拟定，经厂部批准下达的各项计划任务；制定原则是各部门的工作目标值只能高于总目标中的定量目标值。同时，为了集中精力抓好目标的完成，目标的数量不可太多。为此，各部门的目标分为必考目标和参考目标两种。必考目标包括厂部明确下达的目标和部门主要的经济技术指标；参考目标包括部门的日常工作目标或主要协作项目。其中，必考目标一般控制在2～4项，参考目标的项目可以多一些。目标完成标准由各部门以目标卡片的形式填报厂部，通过协调和讨论，最后由厂部批准。

3.目标的进一步分解和落实。部门的目标被确定以后，接下来的工作就是目标的进一步分解和层层落实到每个人。

（1）部门内部小组（个人）目标管理，其形式和要求与部门目标制定相类似，拟定目标也采用目标卡片的形式，由部门自行负责实施和考核。要求各个小组（个人）努力完成各自的目标值，保证部门目标能如期完成。

（2）该厂部门目标的分解采用流程图的方式进行。具体方法是：先把部门目标分解落实到职能小组，其任务再分解落实到工段，工段再下达给个人。通过层层分解，全厂的总目标就落实到了每一个人身上。

第二阶段：目标实施阶段

该厂在目标实施过程中，主要抓以下三项工作。

① 自我检查、自我控制和自我管理。
② 加强经济考核。
③ 重视信息反馈工作。

第三阶段：目标成果评定阶段

目标管理实际上就是根据成果来进行管理，故成果评定阶段显得十分重要。该厂采用"自我评价"和上级主管部门评价相结合的做法，即在下一个季度第一个月的10日之前，每一个部门必须把一份季度工作目标完成情况表报送企业管理委员会（在这份报表上，要求每一个部门对上一阶段的工作做一恰如其分的评价）。企业管理委员会核实后，也给予恰当的评分，如必考目标为30分，一般目标为15分。每一项目标超过指标3%加1分，以后每增加3%再加1分。一般目标有一项未完成而不影响其他部门目标完成的，扣一般项目中的3分，影响其他部门目标完成的则扣5分。加1分相当于增加该部门基本奖金的1%，扣1分则扣该部门奖金的1%。如果有一项必考目标未完成，则扣至少10%的奖金。

该厂在目标成果评定工作中深深体会到：目标管理的基础是经济责任制，目标管理只有同明确的责任划分结合起来，才能深入持久，才能具有生命力，以达到最终的成功。

6S管理提升工具之三：内部检查（考核）

1. 内部检查（考核）操作内容

内部检查（考核），是企业内部6S管理推进小组、各部门和班组进行的6S管理活动检查，采用专用的检查表打分，评审各部门、班组的工作现场在整理、整顿、清扫、清洁、素养、安全等方面的成效，揭示6S管理中存在的问题，提出改进意见，要求责任部门进行整改，每次检查以后还要进行考核。检查就是查实、查证，考核就是评价。以检查结果对照准则，评价6S管理活动的符合性和有效性。

企业内部6S管理活动的检查、考核范围，涉及企业管辖的所有部门、所有场所、所有设备设施，包括办公室、厂房、运行、检修、车间、仓库、油库、泵房、烟囱、管道、灰场、食堂、实验室、车队等，也包括外出的作业机构和人员。

2. 内部检查（考核）操作要点

（1）成立检查（考核）小组

部门检查，由部门负责人加一两名6S检查员组成一个检查小组，到本部门下属的班组、工作现场进行检查。

企业的检查（考核），由企业管理者代表或者6S管理归各部门组织，在各部门抽出检查员组成若干检查组，分别对各部门进行6S管理活动的检查与考核。

参与检查的人员应该经过质量、环境、职业健康安全管理体系培训和6S管理的专门培训，具备一定的知识，获得内部审核员资格，由企业授权。但检查人员不得检查本部门、本班组，以确保6S管理检查工作的独立性和公正性。

（2）开展检查（考核）准备

企业组织6S管理的检查（考核），一般安排在每年的4月和9月，每次2～3天，可根据企业规模大小调整工作目的，每次检查前编制简单的检查计划和检查表，检查表是检查员进行检查的工具，也是6S管理的主要原始资料。

6S管理活动检查表就是依据检查准则编写的，共有六大要素（过程），即"整理""整顿""清扫""清洁""素养""安全"，每一要素分列若干典型活动及具体检查内容。

（3）现场检查

企业6S管理活动的检查采取简捷、务实的方式进行，不召开首末次会议。检查前，检查组开一次碰头会，明确检查计划和分工，然后即分组进入受检部门、班组进行检查。对照检查表收集6S活动的客观证据。检查的方法有面谈、提问、查阅文件及记录，并到作业现场观察，做好检查记录。

（4）检查结果

检查组整理检查记录并进行分析，对照检查准则进行评价。对于不能满足《6S管理手册》或检查准则有关要求的问题，以汇总表形式开出"不符合项通知单"，要求责任部门进行整改。

（5）考核评奖

为了验证推进6S管理的符合性和有效性，企业内部的6S管理应进行考核、评价，建立奖惩机制，以奖励为主、惩罚为辅。

部门级：每月考核评定一次，给班组挂绿牌、黄牌、红牌，做好记录。6S管理奖牌评定记录表如表8-1所示。

表8-1　6S管理奖牌评定记录表

被评定部门		运行时间	年　月　日至　年　月　日								
评定部门		评定时间	年　月　日								
评定人员		组长：									
		组员：									
现场审核结果	1.主要业绩： 2.存在问题描述： 3.评分：										
分值	0	10	20	30	40	50	60	70	80	90	100
办公区											
现场											
合计											
6S推进组意见	组长签字：　　　年　月　日										
评定结果	绿牌　黄牌　红牌　不挂牌										
备注											

绿牌：一个月内无严重不合格项，一般不合格项少于3个（含3个）。
黄牌：一个月内无严重不合格项，一般不合格项为4～10个。
红牌：一个月内有严重不合格项，或一般不合格项大于10个。
公司级：每年考核评定一次，考核是在6S检查后进行，给部门分别颁发金牌、银牌、铜牌或不挂牌。
评定准则如下。
金牌：检查项目得分占总分100%，一年内全部合格，月月绿牌，无黄牌、红牌。
银牌：检查项目得分占总分95%以上，一年内无红牌，黄牌3个以下。
铜牌：检查项目得分占总分90%以上，一年内无红牌，黄牌6个以下。
不挂牌：6S管理业绩低于铜牌标准，必要时给予一定的经济处罚或通报批评。

3. 外部审核（评星）操作要点

（1）融入国际上通行的管理原则

将日本的整理、整顿、清扫、清洁、素养的5S管理理念、GB/T19000—2000质量管理体系的八项管理原则、PDCA循环原则作为6S管理的主要原则，贯穿到6S管理规范的条文中，使6S管理具有鲜明的科学性和系统性。

（2）识别6S要素

将6S管理过程以"S"开头加上编号，赋予"要素"名称，每一个"要素"又分为四个子要素，以简明的特性予以区分，可作为6S检查、审核、评分的准则。

（3）建立6S管理体系

为实施6S管理所需的组织结构、程序、过程和资源，就是6S管理体系的全部内容。组织推进6S管理，提出6S管理原则、方法和步骤，结合企业自身的实际，建立6S管理体系，形成文件，加以实施和保持，并持续改进其有效性。

（4）组织领导作用

推进6S管理，需要管理者加强领导，成立必要的工作班子，制定方针目标和计划，编写文件，组织教育培训，提供资源并持续改进，以确保企业在实施6S管理后能改善面貌，提升管理水平和业绩。

（5）6S管理过程控制

6S管理过程在不同的企业、单位、部门有不同的表现形式。一般来说，企业的公共区、办公区、电器设施、厂房、车间、仓库、档案室以及员工素养可作为八大过程的控制内容，开展6S管理过程控制。

（6）6S管理评价

能否顺利地推进6S管理活动并取得成效，关键在于建立一个监督检查和评价机制。可采用两种评价方法，即内部检查和外部审核，内外结合，发现问题，不断改善。

（7）内部检查

为了减轻企业的负担，内部6S检查采用简捷、务实的方式进行。例如，部门、班组检查只有记录即可，公司的6S检查不召开首末次会议，不合格项以汇总表形式开出，省去烦琐的表格填写和传递，但需保持检查文件和记录。公司级的6S检查后要进行考核、评奖、授牌，激励先进，鞭策后进，这是6S管理不同于其他体系管理之处。

（8）外部审核

外部审核是第三方（认证机构或咨询机构）或第二方（顾客）对企业进行的6S管理审核，这种审核是按审核方（企业）的合同约定，由审核方组织审核组，对企业进行现场监督审核。外部审核每年进行一次。

外部审核是正规的审核，审核方法按《质量和（或）环境管理体系审核指南》GB/T 19011—2003的要求进行。

6S管理提升工具之四：标杆管理

1. 标杆管理操作内容

标杆管理（亦称基准管理或对标管理），是指围绕提升企业能力和实现发展目标，瞄准一个比其绩效更高的组织进行比较，以便取得更好的绩效，不断超越自己、超越标杆，追求卓越，同时也是组织创新和流程再造的过程，是建立学习型组织的最佳实践。

标杆管理的对象如下。

① 企业内部。识别内部最好的业务部门或人员及时推广，并形成共同向上的氛围。

② 同业之间。在同业或合作伙伴中找优秀企业确定差距，制定追赶策略，超越对方。

③ 全球标杆。寻求相似流程最佳实践中的要素，对照并比较获得具体标杆学习内容。

2. 标杆管理操作要点

（1）操作程序

① 计划。确认对哪个流程进行标杆管理；确定用于做比较的公司；确定收集资料的方法并收集资料。

可在下面领域中决定现在公司该从哪一个流程开展标杆管理工作；了解市场和消费者；设计产品和服务；推销产品和服务；提供产品和服务；向客户提供服务；确立公司远景和战略；开发和管理人力资源；管理各种信息；管理财务资源；管理物质资源。

让公司成为想要对之进行标杆管理的业务流程的专家；向该业务流程的最直接的参与者了解该流程从头到尾是怎样运作的；鼓励员工坦言流程中存在的问题与可以改进的地方；将该流程分解成若干子流程，以确保公司了解整体流程和每一个细节。为确定作为标杆对象的公司，让公司成员进行头脑风暴式的群体讨论，寻求以下问题的答案："哪一个公司需要真正做好这一流程？为什么？"收集尽可能多的答案。

② 发现与分析。了解作为标杆管理的公司；确定本公司目前的做法与最好的做法之间的绩效差异；拟定未来的绩效水准。

尽可能地了解被确认为标杆管理对象的公司。像数据库、行业联盟时事通信以及公司年报等资源都是非常有用的。本公司的目标是尽可能地了解该公司的资讯及其业务流程，从而充分利用向标杆公司学习的机会。与此同时，在对该公司进行标杆管理拜访时，要对意外之事保持心态开放，并做到保持合法性，愿意提供本公司所获得的、尊重机密性，防止信息外流，未经许可不得擅自引用，从一开始便有所准备、诚信、承诺并全力贯彻等应该遵守的行为规范。

③ 整合。就标杆管理过程中的发现进行交流并获得认同；确立部门目标。

④ 行动。制订行动计划；实施明确的行为并监测进展情况。制订一个行动计划以实施本公司在其他组织中观察到的实践活动。计划应包含人事、预算、培训、所需资源、评估方法，等等。计划应能反映小组成员关于哪个实践活动是应最先进行的，哪个活动最适于在本公司开展等判断。

⑤ 监测与评估。对革新所产生的长远结果进行定性和定量的评估；重新调校标杆。

（2）流程

标杆管理操作流程如图8-3所示。

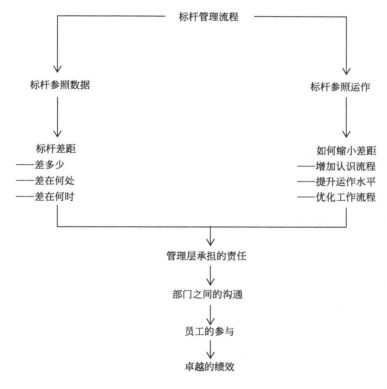

图8-3　标杆管理操作流程

（3）操作模式

美国生产力与质量中心根据上述标杆管理流程的设计与论述，综合美国企业的实践，归纳出标杆管理模式。

标杆管理模式如图8-4所示。

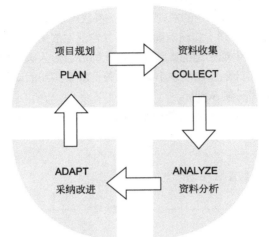

图8-4　标杆管理模式

标杆管理模式的内容如下。

1）项目规划

① 组成标杆交流管理团队。
② 设计制定工作程序。
③ 界定标杆交流项目的范畴。
④ 确立目标。
⑤ 确立标杆交流伙伴的标准。
⑥ 确立标杆对象。
⑦ 制订资料收集计划。
⑧ 团队内部交流新的信息/及时通报领导小组。

2）资料收集

① 依照资料收集计划收集资料。
② 评估资料分析结果并确定候选伙伴。
③ 制定资料收集方法。
④ 内部试用所制定的方法。
⑤ 选拔并联系最佳实践的合作伙伴。
⑥ 甄别评估交流伙伴。
⑦ 设计问卷。
⑧ 展开调查。
⑨ 团队内部交流新的信息/及时通报领导小组。

3）资料分析

① 比较各方资料数据。
② 确认最佳实践方式及其主导因素。
③ 制定落实最佳实践方式的策略。
④ 制订收集落实计划。
⑤ 团队内部交流新的信息/及时通报领导小组。

4）采纳改进

① 落实计划。
② 检查并报告进展。
③ 根据需要调整或重复相关活动程序。
④ 制订持续改进规划。

 宝钢标杆管理

宝钢是我国最大的现代化钢铁联合企业，在28年的建设与发展过程中着眼于提升企业的国际竞争力，始终坚持技术创新，在技术创新的模式确立、体系建构、机制形成和管理深化等方面，形成了自己的鲜明特色和优势，闯出了一条有中国特色的国有大型企业技术创新之路。

为了跻身世界一流钢铁企业之林，宝钢在2000年引入实施了标杆管理作为技术创新管理工具，选定164项生产经营指标作为进行标杆定位的具体内容，选择45家世界先进钢铁企业作为标杆企业。标杆管理的引入和实施为宝钢的技术创新提供了一种可信、可行的奋斗目标，极大地增强了宝钢的技术创新体系对外部环境变化的反应能力。

1. 战略战术相统一

上海宝钢引进国外成套的先进钢铁生产技术，坚持走"引进—消化—开发—创新"之路，把技术创新作为宝钢的主要发展战略。在企业的飞速发展中，技术创新已从借鉴学习创新向自主创新跨越。在这种情况下，宝钢把标杆管理与技术创新跨越工作结合起来，在学习中寻找突破和超越，以期取得更大的进步。

以高起点的引进和后发优势为核心的模式是宝钢技术创新的基石，这是宝钢在创建之初就确立的技术引进战略思路。在这样的战略思路下，实施标杆管理成为与战略相统一的经营策略，标杆管理所发挥的作用恰恰是在对比、模仿中进行创新。

确定实施标杆管理之后，负责人同时在企业内广泛宣传与世界最先进钢铁企业对标的意义，统一思想，形成标杆管理的预热过程。

2. 多层次标杆管理

① 技术创新专利技术对标。宝钢集团与世界500强中的P钢公司2000年技术专利成果数进行对标,借此找到了自己的差距,确定赶超目标。

宝钢集团研究院于2001年开展技术创新标杆改进后,获国家受理专利比2000年递增17%,取得公司认可技术秘密比2000年递增28%,签订技术贸易合同比2000年递增340%;集团核心企业宝钢股份炼钢厂于2001年开展标杆工作后,获国家授权专利比2000年递增100%,公司认可技术秘密比2000年递增52%。另外,宝钢股份冷轧厂、宝信、五钢、梅山等子公司也开展技术创新标杆管理工作,专利和技术秘密都比标杆管理开展前有不同程度的增长。

② 技术创新研发基地建设对标。宝钢集团通过与世界500强中2家钢铁公司在科研试验用的轧机、工艺模拟仿真等设施及基地方面进行标准参照后,明显找到了自己与国际先进钢铁企业在研发设备与基地上的差距,决心加速实施研发基地建设,不断进行改进和追赶。宝钢集团公司现已投入科技发展专项资金,加快集团公司冶炼、冷轧、热轧、薄带连铸等试验设备与基地的建设。

③ 逐步推进超前性的高新技术产品研发。在未来科技前沿性战略发展研究项目发展方面,宝钢集团也与世界500强同行先进企业进行对标,发现自己在此方面公司的计划已经远远落后。因此,集团公司积极着手从事未来5～10年战略发展高新技术产品项目的研发。如宝钢核心企业宝钢股份公司技术中心在2001年已开始着手国际钢铁前沿性微分子金属材料、X系列管线钢牌号升级等一批科研产品项目的研发工作,为宝钢集团未来高科技发展战略夯实基础。

④ 对钢铁子公司进行产业升级。通过与世界500强同行企业进行装备技术对标后,宝钢集团发现钢铁子公司的产业结构不够合理,亟待进行升级。因此,集团公司投入资金对钢铁主业子公司装备技术进行更新改造,以提高子公司的核心竞争力。

⑤ 信息技术建设向前推进。宝钢集团的发展战略是在未来建成集实业、贸易、金融为一体的大型跨国公司,若没有信息技术产业作为支撑是难以和国际大型企业集团的地位相适应的。1996年,宝钢集团在信息化管理方面就曾标杆借鉴日本综合商社、欧美钢铁、汽车跨国集团信息化管理经验和样式,逐步加快自己的信息化技术建设。

参考文献

[1] 滕宝红主编. 6S精益推行图解手册. 北京：人民邮电出版社，2017.
[2] 姜明忠著. 6S管理现场实战全解. 北京：机械工业出版社，2015.
[3] 李峰，黄德力主编. 图解5S运作精益化管理. 北京：中国劳动社会保障出版社，2014.
[4] 吕梁，杨志宏，方飞虎编著. 流程型企业5S攻略. 北京：机械工业出版社，2017.
[5] 高庆华. 卓越6S管理实战手册(图解版). 北京：化学工业出版社，2012.
[6] 李家林. 6S精益推行手册(实战图解精华版). 北京：人民邮电出版社，2011.
[7] 孙兵，张晓明著. 6S精益管理实用指南. 北京：国防工业出版社，2012.
[8] 姚水洪，邹满群编著. 现场6S精益管理实务. 北京：化学工业出版社，2013.
[9] 罗仕文. 6S督导师实用手册. 北京：海天出版社，2007.
[10] 大西农夫明. 图解5S管理实务：轻松掌握现场管理与改善的利器. 北京：化学工业出版社，2010.
[11] 麦卡菲. 企业2.0：企业社会化协作趋势与工具（Web2.0下企业管理如何先人一步，从人机交互到人人交互）. 北京：机械工业出版社，2011.
[12] 越前行夫. 图解生产管理：5S推进法. 北京：东方出版社，2011.
[13] 曾添，许耿著. 看图轻松学5S管理. 广州：广东省出版集团图书发行有限公司，2010.
[14] 徐航，李国新编著. 工厂5S管理实务. 北京：中国时代经济出版社，2008.
[15] 石强. 5S推行实操手册. 北京：中国电力出版社，2012.
[16] 江艳玲. 工厂5S/7S精益运作实务. 北京：中国时代经济出版社，2012.
[17] 李家林. 5S精细化管理：工厂管理一本通系列. 深圳：海天出版社，2011.
[18] 胡凡启. 5S管理与现场改善. 北京：中国水利水电出版社，2011.
[19] 张忠新. 中国式5S管理. 南京：东南大学出版社，2009.
[20] 曾跃顿. 5S推行问题与对策. 厦门：厦门大学出版社，2008.
[21] 苏俊. 卓有成效的5S管理. 广州：广东经济出版社，2008.
[22] 名古屋QS研究会编著. 改善经营管理的5S法. 张贵芳，苏德华，译. 北京：经济管理出版社，2005.
[23] 孙少雄. 如何推行5S（塑造人的品质）. 厦门：厦门大学出版社，2001.
[24] 刘承元. 专家博士的5S经：实现卓越工厂管理的基础. 深圳：海天出版社，2003.
[25] 李家林，江雨蓉主编. 图说工厂7S管理. 北京：人民邮电出版社，2011.
[26] 孙少雄. 制造业6S精益管理：现场改善利器. 北京：机械工业出版社，2010.
[27] 宋文强. 图解6S管理实务：中国实战版. 北京：化学工业出版社，2010.
[28] 唐苏亚. 5S活动推行与实施. 广州：广东经济出版社有限公司，2012.